KAILASH

Eine Pilgerreise in das Herz der weißen Wolken

KAILASH

Eine Pilgerreise in das Herz der weißen Wolken

OLIVIER FÖLLMI

JEAN-MARIE HULLOT

Kalligraphien vom
Lama Jang Tuk Dakpa

བོད་ཡིག་འབྲི་མཁན་ཆུང་དབྱུག་གྲགས་པ།

Aus dem Französischen von Jörn Pinnow

KNESEBECK

Berg
Kailash
(6638 Meter)

Darchen

Barga

Chiu
Gompa

Gosul
Gompa

Manasarovar
(4590 Meter)

Lager Horchu

Seralung Gompa

Rakshas Tal
(4575 Meter)

Trugo Gompa

Gurla Mandhata
(7694 Meter)

Gurla-Pass
(4910 Meter)

N
W   O
S

5 km

© RENO MARCA

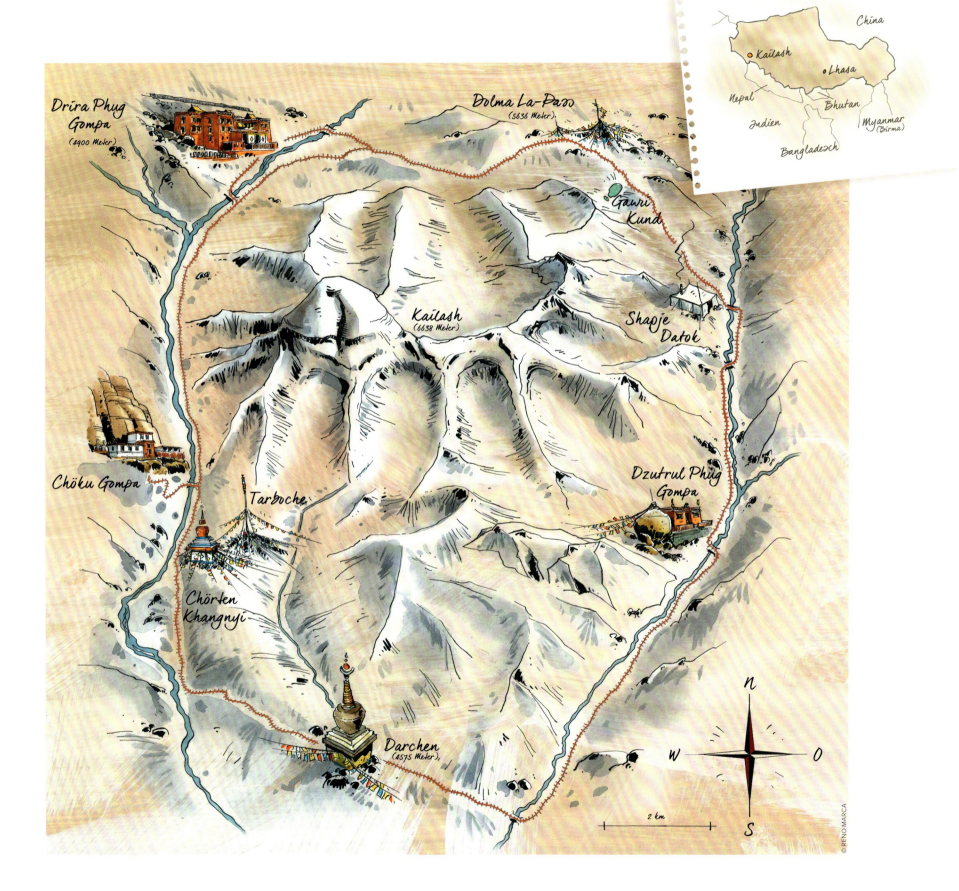

Drira Phug
Gompa
(4900 Meter)

Dolma La-Pass
(5636 Meter)

China

Kailash • Lhasa

Nepal

Bhutan

Indien

Myanmar
(Birma)

Bangladesch

Gauri
Kund

Kailash
(6638 Meter)

Shapje
Datok

Chöku Gompa

Dzutrul Phug
Gompa

Tarboche

Chörten
Khangnyi

Darchen
(4575 Meter)

N

W

O

S

2 km

© RENO MARCA

PILGERREISE

RUND UM DEN BERG

TIB

KAILASH

NACH TIBET

Pilgerreise nach Tibet
Olivier Föllmi

Karma

Als Jugendlicher träumte ich von mehreren Leben innerhalb einer einzigen Existenz, so wie sich mehrere Reisen zu einem einzigen Bericht fügen. Die Abenteuer von Alexandra David-Néel und Giuseppe Tucci ließen in mir die Überzeugung reifen, dass ich mich eines Tages nach Tibet begeben würde. Nach der Lektüre von *Peaks and Lamas* von Marco Pallis war ich entschlossen, nach Ladakh zu reisen. *Tibetan Caravans* von Abdul Wahid Radhu ließ mich davon träumen, die winterlichen Hochplateaus von Changthang zu überqueren. Aber es war vor allem *Der Weg der weißen Wolken* von Lama Govinda, das für jede meiner Reisen zur Bibel geworden ist und mir, noch lange vor den Lehren von Kalu Rinpoche oder Jack Kornfield, den Weg wies. Ich wusste also, dass mich der von Lama Govinda beschrittene Weg eines Tages ins tibetische Ngari führen würde, in die

Provinz der Götter, bis zum Heiligsten Berg, der von Buddhisten und Hindus verehrt wird: zum Kailash, dem Großen Schneejuwel. Ich wusste, ich würde dich ehrfürchtig umrunden und mich vor dir verneigen, oh Kailash, spirituelle Achse, um die sich der Kosmos dreht. Ich würde meine Hände falten vor dem Wohnsitz Shivas, dem höchsten Herrn aller Schöpfung und aller Zerstörung, der die Welt bewahrt und das All hütet.

Der Kailash lehrte mich die Geduld. Ich musste vierzig Jahre warten, um mich ihm auf den Spuren von Lama Govinda zu nähern. Als sich zuvor Gelegenheiten boten, ließen die Umstände es nicht zu, wenn etwa aus politischen Gründen die Einreise nach Tibet für Ausländer plötzlich verboten wurde oder die Reisekosten meine Mittel überstiegen ... Bis zu dem Tag, an dem unser gemeinsames Karma meine Begegnung

mit Jean-Marie Hullot bestimmte und der Kailash entschied, dass wir ihn noch im selben Jahr gemeinsam besuchen würden.

Jean-Marie hatte in Nordamerika gelebt und an Hightech-Entwicklungen gearbeitet, während ich meine Zeit damit verbrachte, von Dorf zu Dorf den Himalaya zu durchqueren. Doch unsere Wege haben uns am Kailash zusammengeführt, am Berg aller Wahrheiten, dem man sich von allen Seiten nähert. Jean-Marie lebt im Einklang mit sich und vermittelt mir jeden Tag den Eindruck, als befände er sich gerade zwischen zwei Meditationen. Dank des von ihm und Steve Jobs entwickelten iPhones weiß er alles, und ganz gleich, wie meine Frage lautet, er kann sie innerhalb von dreißig Sekunden beantworten – vorausgesetzt, er hat Empfang.

In Jean-Maries Nähe komme ich mir vor, als reise ich mit einer Reinkarnation von Lama Govinda, der auf dem Weg zur Erleuchtung seine Gebetskette durch ein Smartphone ersetzt hat. Doch Jean-Marie, der wie ich ein erfahrener Reisender und Freund der Literatur ist, träumt ebenfalls vom Kailash, sammelt Bücher zu diesem Thema und macht sich in seiner Vorstellung bereits seit Jahrzehnten auf den Pilgerweg.

Seit vierzig Jahren ist die Fotografie die wichtigste Stütze meiner Meditation. Der Welt im Sucher einen Rahmen zu geben, lehrt mich, die Gegenwart zu achten, und jede Momentaufnahme vermittelt mir die Ewigkeit. Wenn ich in einem Dorf am Ende der Welt mit ganzem Herzen eine Seele fotografiere, werde ich durch die Schönheit dieses Menschen transzendiert, eine Schönheit, die über das äußere Erscheinungsbild hinausgeht und aus der die Liebe hervorsprudelt. Es geschieht immer wieder, dass ich instinktiv die Hände falte, wenn ich bemerke, dass ich ein bewegendes Foto gemacht habe. Der Buddhismus und die Fotografie helfen mir, über mich hinauszuwachsen, sie lassen mich positiv, neugierig auf die Menschen und verliebt ins Leben werden. Ich reise also zum Kailash und nehme meinen Apparat mit wie eine Gebetsmühle.

Das Loslassen

Tibet ist für Jean-Marie eine Entdeckung und für mich eine Wiederentdeckung, denn meine letzte Reise nach Lhasa liegt mehr als dreißig Jahre zurück. Als ich 1984 zum ersten Mal nach Tibet kam, das sich damals gerade erst für Ausländer öffnete, hatte sich das Land noch nicht von der großen Kulturrevolution der 60er-Jahre und der »glorreichen« Befreiung durch die Roten Garden erholt, bei der 6500 Klöster zerstört, alle jahrtausendealten Schätze verbrannt wurden und mehr als eine Million Tibeter ums Leben kamen. Mit 25 hatte ich gegen China protestiert. Rund dreißig Jahre später hat die Wirklichkeit des neuen China meine Ansichten deutlich verändert, und während meiner Pilgerreise zum Kailash habe ich mich entschlossen, die buddhistischen Lehren anzunehmen – und das heißt loszulassen. Die Welt hat sich verändert, ich muss mich ihr anpassen.

»Der Zug hat eine halbe Stunde Verspätung«, erklärt Jean-Marie mit Blick auf sein iPhone, während uns ein Taxi zum Bahnhof von Xining brachte, von wo aus wir nach Lhasa reisen wollen. Mein Freund verblüfft mich. Er hat die Freiheit, alles zu wissen, alles in jedem Augenblick regeln zu können, ganz gleich, wo er ist, um sich im Kopf frei zu machen. Er erinnert mich an den alten König von Zanskar, einem abgelegenen Tal im Himalaya, der beim versunkenen Blick auf die Gerstenfelder erklärte: »Hier fehlen uns Straßen und Elektrizität. Solange wir unsere Zeit damit verbringen, Wasser aus dem Fluss zu schöpfen, in den Hügeln nach Feuerholz zu suchen und unsere Yaks anzutreiben, damit sie die Felder umpflügen, solange sind wir nicht frei. Freiheit bedeutet, Zeit zu haben, sich in die Lehren Buddhas zu vertiefen.«

Anpassung

Zeit haben wir genug in diesem Zug, der uns nach Lhasa bringt. Durch das Fenster mit dem Spitzenvorhang betrachte ich mit meinem Freund das behutsam vorbeiziehende Tibet. Die vierundzwanzigstündige Reise, bei der wir in 5000 Metern Höhe gelegene, karge Hochplateaus mit verstreuten, türkisblauen Seen und Yakherden durchqueren, sorgt dafür, dass wir uns mühelos an die Höhe anpassen können. Die in nur drei Jahren erbaute und alle Höhenrekorde schlagende Eisenbahnstrecke von Xining nach Lhasa ist eine heldenhafte Ingenieursleistung. Ich blicke bewundernd auf die vollendete Arbeit und fürchte mich im selben Augenblick davor, Tibet wiederzusehen. Das Tibet meiner Träume, das sich aus den vielen Geschichten vom Beginn des Jahrhunderts

speiste, hatte mich traurig gemacht, als ich die erschreckende Realität der 60er-Jahre sah. Ich war begeistert gewesen, als ich zum ersten Mal dort war, doch wie werde ich nun, dreißig Jahre später, dieses chinesisch geprägte, hochmoderne Tibet wahrnehmen, wie wird es meinen Träumen gegenübertreten?

In der Fensterscheibe, hinter der weiße Wolken in die Unendlichkeit jagen, spiegelt sich hin und wieder mein Gesicht. Dann schaue ich mir lange in die Augen: »Olivier, bist du vielleicht alt geworden?«

»Bereite dich auf das Schlimmste vor, wenn du nach Lhasa kommst!« Alle meine Freunde hatten mich vor dem großen Unterschied gewarnt zwischen dem Lhasa der 80er-Jahre und der Stadt von heute, in der blinkende Schaufensterauslagen in großen Einkaufszentren die Atmosphäre von Diskotheken nachahmen. »Dann also direkt zum Jokhang-Tempel, wo wir sicher viel eher eine tibetische Stimmung vorfinden werden ...«, sage ich mir, ohne wirklich daran zu glauben, nachdem wir den Bahnhof von Lhasa erreicht haben. Es fällt mir nicht leicht, diese Lektion der fehlenden Beständigkeit zu verarbeiten. Anders als erwartet, beruhigt mich die Altstadt von Lhasa tatsächlich. Voller Leben und vibrierend, hat sie keine einzige Falte bekommen. Die

verwinkelten Gässchen mit den niedrigen, mit tibetischen Friesen geschmückten Häusern führen noch immer in die Vergangenheit zurück. Es riecht nach ranziger Butter, und die Verkaufsbuden quellen über von glänzenden Heiligenfiguren, Gebetsteppichen, Brokaten und Thangkas, den buddhistischen Rollbildern. Man schiebt sich Schritt für Schritt vorwärts in einer bunt gemischten Menschenmenge aus Hirten in langen Mänteln und alten, gebeugten Gläubigen, die ihre Gebetskette herunterbeten und deren Augen bereits auf ein anderes Leben gerichtet sind. Ab und an stößt man in diesem Durcheinander auf neue Raubkopien mit den Filmstars der chinesischen Doku-Soaps, aber auch junge chinesische Touristenpärchen schieben sich durch die Menge und erkunden voller Erstaunen die tibetische Seele.
»Wenn auf den Straßen so viele Menschen unterwegs sind, wird dir in Jokhang das wahre Tibet begegnen!«, rufe ich meinem Freund über die Menschenmenge hinweg zu. Meine Stimme verrät meine Erregung. Mein Herz jubelt. Ich bin ergriffen, denn ich habe das Tibet wiedergefunden, das ich liebe, das zu mir spricht. Rund hundert Pilger verneigen sich vor dem Jokhang-Tempel, dem Heiligtum des tibetischen Buddhismus, dem heiligsten Tempel, der die am meisten verehrten Gottheiten Tibets beschützt. Oh Jokhang!

Unter dem Gemurmel der Gebete und dem Geräusch der Holzkufen, die seit 1400 Jahren die Steinplatten glatt schleifen, drehe ich mich zu meinem Begleiter um. Ich will meine Freude mit ihm teilen, doch meine Worte verstummen, noch bevor sie mir über die Lippen gekommen sind. Jean-Marie wirft mir einen verstohlenen Blick zu, der mir seine Gedanken verrät. Wir mischen uns unter die bunte, ins Gebet vertiefte Menge vor dem Tempel. »Buddha, Dharma, Sangha«: Drei Mal beuge ich meine Stirn hinunter auf die Bodenplatte, eingehüllt in das Gemurmel der mich umgebenden betenden Pilger. Drei Mal erhebe ich mich und falte die Hände über meinem Kopf. Drei Mal atme ich tief den Duft der Wacholder-Essenzen ein und beuge mich zum Boden hinunter. Ich fühle mich als Mensch, als prachtvoller Mensch, und fühle mich zugleich göttlich. Ein Seufzer der Emotion steigt aus meinem Innersten empor, wie der erste Schrei eines Neugeborenen nach einer Wiedergeburt. Dann fotografiere ich die Pilger um mich herum, um mit der uns allen innewohnenden göttlichen Natur, die sich hier in Jokhang offenbart, verbunden zu bleiben.

Toleranz

Von der Straße der drei Wege, die nach Shigatse führt, machen wir einen Abstecher zum heiligen See Yamdrok. Am Fuß des Kamba, auf 4795 Metern Höhe gelegen, begrüßen uns auf dem riesigen Parkplatz bis oben hin mit chinesischen Touristen vollgepfropfte Busse. Die Hunde der sonntäglich gekleideten Hirten sowie die mit Betäubungsmitteln ruhiggestellten und mit Blumenkränzen geschmückten Yaks müssen mit euphorischen Besuchern posieren, die ihre Begeisterung in voller Lautstärke kundtun. Nichts wie weg hier!

Shigatse wird vom Kloster Tashilhünpo dominiert. Als ich es in den 80er-Jahren zum ersten Mal erblickte, erschien es mir überdimensioniert, es überragte die kleinen, staubigen Straßen, über die ein paar Pferde Karren mit frischem Gemüse zogen. Doch angesichts der weitverzweigten Stadt, die sich seither in der Ebene ausgebreitet hat, wirkt das Gebäude eher altmodisch und so, als würde es sich an seinen Hügel kauern. Der zentrale Innenhof ist voller Selfie-Sticks, die von lärmenden Touristenhorden aus Chinas Ebenen wie drohend hin- und hergeschwenkt werden. Ich ziehe mich in den großen Gebetssaal zurück, wo ich Buddhas Statue frage: »Was hältst du davon, Buddha?« Ich nehme seine wahrhaft buddhistische Antwort wahr: »Nichts.« Ich hebe die gefalteten Hände und kann, oben an der Treppe angekommen, der Lust nicht widerstehen, ein altes tibetisches Pärchen zu fotografieren, das in der Nähe der Gebetsmühlen betet. Da holt Buddha mich ein: »Was hältst du davon, fotografierender Tourist?« »Jedes Lebewesen ist ein Samenkorn Buddhas, das eines Tages keimen wird …«, wiederholen die tibetischen Meister ununterbrochen. Dennoch fällt es mir schwer, das zu glauben. Ich bin von diesem überfallenen, industrialisierten, entweihten Tibet enttäuscht. Es hat seine Magie verloren. Wohin sind die Götter verschwunden? Als ich vor dreißig Jahren mit Tränen in den Augen Tibet entdeckte, waren sie noch überall. Doch als Tibet die dunkelste Phase seiner Geschichte hinter sich gelassen hatte, waren alle seine Götter getötet worden. Heute spürt man in Tibet eine Dynamik, das Land wurde bewundernswert wiederaufgebaut, mit allen Segnungen und Fehlern der Moderne. Warum sind die Götter nicht zurückgekehrt? Durch das Fenster betrachte ich die weißen Wolken, die über den tiefen Himmel spazieren. Nur langsam zieht die Landschaft vorüber: Die Strecke ist mit Radargeräten abgesteckt, und unser Fahrer Tashi hält sich strikt an die vorgeschriebenen 40 Stundenkilometer. Ich nutze die Zeit, um zu meditieren. Mit geschlossenen Augen atme ich ein, und ich atme aus. Meine Gedanken verlangsamen sich, ich komme zur Ruhe. Ich finde zurück zu meinem inneren Tibet, das von seinen Buddhas bevölkert wird. Ich hatte vergessen, ihnen mein Herz zu öffnen.

Bardo

Ngari ist der Regierungsbezirk, der den Westen Tibets umfasst. Hier befindet sich der Kailash. Kein Straßenschild weist uns auf die Grenze Ngaris hin, doch ein fast unmerkliches Gefühl macht uns deutlich, dass wir uns ihm nähern. Als wir am Morgen mit dem Auto von Sakya aufbrechen, rund hundert Kilometer von Ngari entfernt, plaudern Jean-Marie und ich zwei Stunden lang gut gelaunt über unser Leben. Nach und nach allerdings entwickelt sich unser heiteres Gespräch und wird tiefsinniger, intimer. Wir sprechen immer weniger und tauschen uns schließlich nur noch kurz aus, während jeder auf seiner Seite aus dem Fenster blickt. Bald schon verstummen wir ganz. Wir nähern uns Ngari.

Am See Manasarovar

»Komm, Jean-Marie, wir gehen rein!«
Wir legen drei schwere Steine auf unsere Kleider, damit sie nicht von den Windböen davongetragen werden. Ganz nackt stelle ich einen Fuß in den See, den großen See Manasarovar, den heiligen See, den See der Götter. Jean-Marie ist bereits zwei Schritte ins Wasser gegangen. Er schaut gen Norden, wo sich in der Ferne der Kailash abzeichnet, über den Schaumgebinden und den türkisfarbenen Wellen. Wie klein der Kailash von hier aus wirkt. In unserem Innern jedoch ist er unglaublich groß. Wir machen beide einen Schritt auf ihn zu, dann noch einen. Ich schaue den Kailash an. Er wächst. Er wird immer größer. Ich blicke auf den See, den die Winde des Alls durchkämmen. Jean-Marie ist von nun an allein auf der Welt, so wie auch ich. Ich wende mich dem Kailash und den Buddhas des Nordens zu, ich falte meine Hände, ich tauche meinen Körper unter, ich tauche meinen Kopf unter, ich stehe wieder auf. Das eiskalte Wasser und der tosende Wind rauben mir den Atem. Dann tauche ich meinen Körper erneut unter, tauche meinen Kopf erneut unter, ich stehe wieder auf und falte die Hände, um die Buddhas des Ostens zu grüßen. Ich tauche wieder ins Wasser, tauche meinen Kopf unter, stehe auf. Ich falte die Hände, grüße die Buddhas des Südens. Nachdem ich auch die Buddhas des Westens und noch einmal den Kailash gegrüßt habe, trete ich schwankend ans Ufer. Der unglaubliche Schock hat meinen Kopf geleert. Mein Körper ist gereinigt. Ich spüre, dass ich nicht mehr derselbe bin. Wie lange sind wir im See geblieben? Ich spüre die Kälte nicht. Ich bin noch am Leben und noch immer auf dieser Erde, aber das Ufer, das ich verlassen hatte, ist nicht das, an das ich zurückgekehrt bin. Bin ich jetzt in einem anderen Leben? Ich stehe nackt am See, vor dem weit entfernten Kailash, und betrachte die Welt vom Balkon der Ewigkeit aus, nur ein Tropfen des Universums. Jean-Marie geht am Ufer entlang. Er schwankt ein wenig. Auch er hat seinen Körper verlassen, auch er hat soeben sein Leben verlassen. Er befindet sich im Zustand des Bardo, des Bewusstseinszustands zwischen zwei Leben.

Wiedergeburt

Die *Kora*, der tibetische Pilgergang zur Umrundung eines heiligen Bergs, ist ein spiritueller Weg. Die Zeit und die Energie, die man dafür aufwendet, sind jedem selbst überlassen. Die *Kora* zur Umrundung des Kailash lässt sich in zwanzig Stunden Fußmarsch durchführen, doch die meisten Pilger nehmen sich dafür drei Tage Zeit, während derer sie an den heiligsten Stätten des steinigen Wegs Gebete verrichten. Die frommsten Pilger knien sich alle drei Schritte hin, werfen sich nieder und berühren mit der Stirn den Boden, sodass ihre *Kora* einen Monat dauert. Wie lange der Weg auch dauert, niemand kommt unbeschadet von dieser Reise ins Innere zurück. Den Kailash zu umrunden bedeutet, in den Tod aufzubrechen und zu akzeptieren, dass man verändert wiedergeboren wird.

Im ersten Tal auf der Westflanke des Kailash, dem Amitabha-Tal, durchstoßen die Sonnenstrahlen die Wolken, damit wir jene Orte erblicken können, in denen die Götter wohnen. Jean-Marie betrachtet versunken den Berg und hat sich dazu auf einen Stein gesetzt, auf dem Pilger seit Jahrhunderten Platz nehmen:

»Das ist gewaltig«,

sage ich beeindruckt.

Er reagiert nicht.

»Alles in Ordnung, Jean-Marie?«

Keine Reaktion.

Langsam dreht er sich zu mir um und schaut mich an, als säße er bequem auf dem Mond und als käme ich gerade mit einem Shuttle zu ihm. Ich lasse ihn dort, wo er ist, wo immer er ist, mit den anderen außer mir, und setze meinen Weg mit meinem Gebetskästchen fort.

»*Om Ha Hum, Vajra Guru Padme Siddhi Hum, Om Mani Padme Hum ...*«

Der Tradition nach ist der Berghang, der zum Dolma La-Pass auf 5636 Metern führt, der Hang des Todes, auf dem wir uns von unseren Leben befreien und von allen Problemen, die wir uns darin geschaffen haben. Durch den in der Nacht beginnenden, langen Weg über die Felsen hin-

Es gibt keinen Weg zum Glück, das Glück ist der Weg.
Buddha Shakyamuni

auf sollen wir in den Mühen des Aufstiegs unsere Fehler abbüßen. Ich steige bis zum Gipfel wie von einem fliegenden Teppich getragen. Sollte ich etwa nie gesündigt haben? Ich habe da so meine Zweifel … Dennoch gehe ich weiter bergan, steige herab, kehre um, steige wieder hinauf, komme an einer Moräne nach der anderen vorbei, getragen von ausgelassener Freude, unterstützt von den Göttern des Kailash, die mich führen, damit ich fotografieren kann.

Oben auf dem Dolma La-Pass angekommen, gilt der abfallende Berghang als der der befreienden, vorurteilslosen Wiedergeburt, an dem der Pilger mit einem neuen Atemzug wieder in ein Leben zurückkehrt. Doch ich kann noch nicht hinabsteigen, sondern verweile weitere sechs Stunden im wirbelnden Wind des Passes. Ich habe auf diesem Berghang meines Lebens noch nicht ausreichend fotografiert.
Vielleicht habe ich noch eine Vergangenheit, mit der ich abschließen muss? Die in ihre Par-

kas gehüllten Pilger überwinden den Pass, und ganz erstarrt begleite ich sie durch meinen Sucher, als seien sie Seelen, die mein Bewusstsein durchqueren. Der Dolma La-Pass versöhnt mich in diesem Augenblick mit meiner Seele. Ein Schneesturm lässt die Gebetsfahnen auf dem Durchgang starr gefrieren und versetzt mich in Trance. Ich eile jeder Flocke nach, ich fotografiere betend und ich bete fotografierend. Ich habe keinen Akku mehr, aber ich fotografiere weiter, um im Zustand des Bardo zu bleiben, zwischen den beiden Berghängen meines Lebens. Oh Kailash!

Der Tag neigt sich dem Ende, und ich mache mir Sorgen um meinen Freund, der schon abgestiegen ist und sich sicherlich ebenfalls bereits Sorgen um mich macht. Also entschließe ich mich, in mein neues Leben hinabzugehen, in das düstere Tal. Doch das Licht, das ich vom Dolma La-Pass mitnehme, erhellt meinen Weg, auf dem ich von weißen Wolken in einem großen azurblauen Himmel begleitet werde. Oh Kailash!

Rund um den Berg Kailash

Jean-Marie Hullot

Der Weg der weißen Wolken

Mehr als fünfhundert Kilometer von Lhasa entfernt, nach zweitägiger Reise, hat es wirklich begonnen. Über uns schwebt eine Kohorte wunderschöner Wolken mit flacher Unterseite und bewegt sich entschieden, aber ganz ruhig, in der großen Stille der unendlichen himmlischen Weite, die die tibetischen Hochplateaus überragt.

Ich kenne sie gut, diese Wolken, denn ich bin ihnen bereits bei meiner ersten großen Reise begegnet, die mich im Alter von etwa zwanzig Jahren auf die Hochplateaus der Kordilleren in den peruanischen Anden führte.

Sollten Sie diesen Wolken eines Tages begegnen, nehmen Sie sich Zeit, sie zu beobachten, recken Sie die Nase in die Luft. Werden Sie sich der lebhaften und frischen Luft in dieser großen Höhe bewusst, die in diesem Moment zwischen Ihrer äußeren Umgebung, Ihren Nasenlöchern und Ihren Lungen hin- und herfließt. Womöglich verlassen Sie dann die »flache Vorstellung«, die wir viel zu oft von unserer Umgebung haben, und fangen wieder an, das Volumen dieser Wolken und des leeren Raums zu spüren, der Sie einhüllt. Nehmen Sie das Gefühl der Unendlichkeit dieses Raums um Sie herum in sich auf. Wenn Ihnen das gelingt, überkommt Sie vielleicht ein überwältigendes Gefühl, denn nun nehmen Sie die Szenerie nicht mehr als etwas Äußeres, sondern als etwas wahr, das sich in Ihrem Innern abspielt. Als würden die Wolken tatsächlich in Ihrem Innern weiterziehen, als sei Ihre Körperhülle an den Rand des Universums geschleudert worden und als wäre dieser ganze Raum in Ihnen, als seien Sie eins mit der Welt.

Genau wie bei meiner unvergesslichen Erfahrung als Zwanzigjähriger finde ich mich auch heute wieder in dem, was Lama Anagarika Govinda über »den Weg der weißen Wolken« gesagt hat:

»Seltsamerweise hatte ich nicht das Gefühl, ›einsam‹ zu sein in dieser gewaltigen Stille der Natur, und noch weniger verspürte ich die Notwendigkeit, mich anderen mitzuteilen. Es war, als ob mein Bewusstsein sich dermaßen ausgeweitet hätte, dass es die äußere Welt – Landschaft und Himmelsraum und Menschen – sowohl die gegenwärtigen wie auch die, mit denen ich in der Vergangenheit verbunden gewesen war, einschloss. Ja, mehr noch: die Vergangenheit schien ungerufen in die Gegenwart hineinzuwachsen und sie zu durchdringen.«

Die Genese

Ich war fünfzehn und ich liebte ... Mathematik. Ich konnte mich stundenlang in mein Zimmer einschließen, um mich mit Themen zu beschäftigen, die weit über den Schulstoff hinausgingen, einfach nur, weil sie mich begeisterten. Solche Interessen zu haben, war ein großer Glücksfall: Meine Eltern waren beruhigt, dass ich meinen Schulstoff schaffen würde ... und für mich bedeutete dies im Gegenzug große Freiheiten. Die größte Quelle für Konflikte zwischen Eltern und Kind war damit ausgetrocknet, und wir konnten in Frieden miteinander leben. Später würde sich diese Leidenschaft für Mathematik in eine Leidenschaft für neue Technologien verwandeln, was mir eine noch größere Freiheit verschaffte, dieses Mal auf materieller und gesellschaftlicher Ebene.

Doch welche verborgenen Entwicklungen führten einen Mathematiker, der den Großteil seines Lebens damit zugebracht hatte, im Silicon Valley modernste Technologien zu entwickeln, sich zum Kailash zu begeben, dem »Nabel der Welt«, der Wohnstätte Shivas, dem weltweit heiligsten Berg für Hindus und tibetische Buddhisten?

Wenn man als Jugendlicher in Frieden mit seiner Umgebung aufwächst, hat man Zeit, viel Zeit ... 1970 lebte ich in Nantes, einer etwas langweiligen, bürgerlichen Stadt in der Bretagne. Ich hing zu Hause herum, wo meine Mutter eine imposante Bibliothek mit mehreren Tausend Büchern aufgebaut hatte. Hier entdeckte ich, nachdem ich Hunderte andere durchgeblättert hatte, eines Tages die Zeitschrift Planète: »Nichts, was uns fremd ist, ist wirklich fremd!« Was für ein Programm! Esoterik, Science Fiction, Fantasy, Ethnologie, Spiritualität ... Vieles davon war Unsinn, aber mir eröffnete sich eine neue Welt. Ich lernte, dass es mit Asien einen ganzen Kontinent gab, in dem es vor allem um Spirituelles geht und nicht um Materielles. Ich entdeckte die amerikanische Gegenkultur, die Hippies und ihr Streben nach der Erkenntnis der östlichen Traditionen – Buddhismus, Hinduismus und Taoismus. Meine neuen Lieblingsbücher wurden der Daodejing: »Der Wissende redet nicht. Der Redende weiß nicht«, die Werke von Krishnamurti: »Wenn du mit allem Vergleichen aufhörst, ist dein natürlicher Zustand erreicht« oder die von Alan Watts: »Jedes Bewusstsein ist nur ein Fenster, durch das das Universum sich selbst betrachtet.«

Der Lauf der Zeit

Wir besuchen Lhasa, Gyantse, Shigatse sowie Sakya, mythische Orte eines heute verschwundenen Tibet. Die Mönche wurden zum größten Teil aus den Klöstern verjagt, und die wenigen Pilger, die hier noch vorbeikommen, ertrinken in einer Flut vor allem chinesischer Touristen, aus der ein Gewirr von Selfie-Sticks herausragt. Abgesehen vom Jokhang-Tempel in Lhasa, in dem tatsächlich noch Frömmigkeit herrscht, sind all jene Gebäude, die eine jahrtausendealte Kultur beherbergen, zu Museen geworden. Wie Versailles auf dem Dach der Welt: sehr schöne Gebäude, beeindruckende Kunstwerke, doch die Orte haben ihre Lebendigkeit und Spiritualität verloren. Heute wartet man in einer Schlange, um vor dem Potala-Palast ein Selfie machen zu können und schwenkt dabei einen 50 Yuan-Schein, den das Bild des Palastes schmückt, anstatt auf den Segen eines Meisters zu warten ...

Der Materialismus scheint über die Spiritualität gesiegt zu haben. Man ist weit entfernt von jenem Lhasa, das Alexandra David-Néel als erste europäische Frau 1924 besuchte. Ich spüre weder Enttäuschung noch Verbitterung. Die Straßenwalze des »Fortschritts« ist hier ebenso vorübergezogen wie bei uns. So ist es eben.

Geheimnisvoll, mitreißend, inspirierend ... wunderbare Samenkörner der Weisheit wurden damals in meinen Geist eingepflanzt. Sie waren es auch, die mich später nach Asien führten. Während ich darauf wartete, selbst durch die Straßen Kathmandus zu laufen, was ich erst in den 80er-Jahren tat, erfreute ich mich gemeinsam mit meiner Frau an den Reiseberichten derer, die bereits dort gewesen waren. Zusammen mit John Blofeld durchwanderte ich China und traf auf »unsterbliche«, weise Taoisten, die sich in die Berge zurückgezogen hatten; mit Alexandra David-Néel entdeckte ich Tibet und die kleinen Himalaya-Königreiche. Aber es war *Der Weg der weißen Wolken* des Lama Anagarika Govinda, eines Deutschen, der sich 1948 auf diese Pilgerreise begeben hatte, der den Kailash und den See Manasarovar in Tibet zum Ziel meiner Träume werden ließ, zu einem mythischen Ort, den ich ganz sicher einmal in meinem Leben bereisen würde.

Vierzig Jahre später hatte ich mich, trotz vieler Asien-Reisen, noch immer nicht auf den Weg gemacht. Bis zu jenem Tag, an dem ich mit meinem Freund Olivier Föllmi zu dieser Pilgerreise aufbrach ...

Taras Ruf

»Unglaublich schön!«, ruft Olivier in fotografischer Ekstase vom Kamm eines Hügels aus, auf dem unser Weg zum Kailash entlangführt. Er steigt aus dem Auto, stürmt los und springt dabei umher wie ein Zicklein. Er sucht den besten Platz, um jene kleine Silhouette, jenen ganz am Ende des Tals verlorenen Punkt, genau in dem Moment einzufangen, in dem das Licht, das wir über die Berghänge wandern sehen, sie erleuchtet. Völlig außer Atem kehrt er zum Auto zurück – wir befinden uns schließlich auf fast 5000 Meter Höhe –, doch er strahlt überglücklich.

1400 Kilometer, vier Tage Fahrt zwischen Lhasa und dem Manasarovar am Fuße des Kailash. Ich schlage im *Lonely Planet* nach, dem treuen Begleiter des Reisenden, in dem man in der Regel Übernachtungstipps und Hinweise auf besonders lohnenswerte Ziele findet. Beim Kailash spricht der Reiseführer nicht von einem üblichen Ausflug, sondern von »einer der eindrucksvollsten Pilgerstrecken der Welt«. Dann aber nimmt die Empfehlung plötzlich eine andere Richtung: »Wenn Sie kein praktizierender Buddhist, kein Anhänger des Bön oder Hindu sind, werden Sie sicher keine Erleuchtung erfahren, so sehr Sie sich auch bemühen. Viele

Besucher reisen mit der Erwartung an, einen heiligen oder besonders intensiven Moment zu erleben. In Wirklichkeit ist es dann eher so, wie wenn man sich unbedingt verlieben will ...«

Nichts erwarten, einfach loslassen, und komme, was wolle ...

Seit der Episode mit den weißen Wolken verspüre ich immer wieder dieses tiefe Gefühl, mit allem, was ich sehe, eins zu sein. Die Entfernungen verschwinden, die weit entfernten Gipfel des Himalaya wirken zum Greifen nah, die Farben sind unglaublich intensiv. Man könnte sagen, die Natur habe auf den Hügeln und den Felsen in der Umgebung mit der Vegetation und den Flechten Mantras gezeichnet. Wir haben die Provinz Ngari erreicht, das »Königreich der Götter«.

Der Manasarovar ist nicht mehr weit, doch nichts treibt uns an, die Zeit steht still. Wir können stundenlang schweigend am Rande eines der vielen Seen meditieren, die wir entlang der Straße entdecken.

In meinem Herzen hat sich etwas geöffnet, eine Art innerer Hohlraum, aus dem ein starker, grün leuchtender Schwall Gefühle in alle Richtungen strömt. Der Blick geht nach innen, ich sehe, wie Tara (Dolma auf Tibetisch) erscheint, das weibliche Bodhisattva des Mitgefühls. Sie sitzt in jenem Hohlraum, das linke Bein in kontemplativer Haltung angewinkelt, das rechte angespannt, bereit, zur Tat zu schreiten. Genau so ist sie auch in jener kleinen Statue dargestellt, die meine Frau und ich von unserer ersten Asienreise aus Kathmandu mitgebracht hatten. Auf dieser Reise kann uns meine Frau leider nicht begleiten. Ihr Bild vermischt sich mit dem von Tara. So nehme ich sie tief in meinem Herzen mit auf die Umrundung des Kailash, von der wir so lange zusammen geträumt hatten.

Tara erwartet uns am Dolma La-Pass, dem Gipfelpunkt dieser Pilgerreise, so wie sie alle Pilger erwartet, um ihnen zu helfen, »an das andere Ufer zu gelangen«, in einem neuen Leben wiedergeboren zu werden. Wir fahren weiter!

Manasarovar

»Im Manasarovar zu baden, sichert dem Pilger eine Wiedergeburt im Paradies des Brahma, sein Wasser zu trinken sichert ihm eine Wiedergeburt im Paradies von Shiva sowie die Reinigung der Sünden von hundert Leben.« Ramayana

Nichts weniger als ein Traum wird wahr. Wir sind am Ufer des Manasarovar angekommen, einem der am höchsten gelegenen Seen der Welt, auf etwa 4500 Metern, einem der heiligsten für Hindus wie Buddhisten.

Vor unseren Augen funkelt eine große Wasserfläche in der Sonne wie Millionen von Diamanten, ausgebreitet auf einem riesigen Satintuch, das leicht im Wind schaukelt. Uns gegenüber, im Westen des Sees, zeichnen sich die schneebedeckten Gipfel des imposanten Gurla Mandhata mit seinen lila gefärbten Hängen ab. Im Norden thront der Kailash, fern und noch sehr geheimnisvoll. Die Stille ist majestätisch. Wir sind allein, in einer unendlichen, grenzenlosen Weite, im Einklang mit dem Universum.

Wir legen die letzte Hülle ab, die uns noch von der Außenwelt trennt, und vollkommen nackt vertrauen wir uns dem See an. Ich tauche meinen Körper unter, dann meinen Kopf, ich stehe wieder auf ... ein ums andere Mal. Mich erfasst das Gefühl einer intensiven Freiheit. Trotz der Kälte des Wassers friere ich nicht. Meine Gedanken sind verstummt, mein Ego hat sich aufgelöst, ich schwinge im Einklang mit dem Universum, die Zeit hat aufgehört zu existieren.

Dann weiß ich nicht mehr ... Irgendwann ist die Nacht hereingebrochen, Millionen von Sternen fingen an zu leuchten, so viele, wie ich sie schon lange nicht mehr gesehen hatte. Noch immer diese Stille, diese Unendlichkeit, das Gefühl der Freiheit und perfekten Harmonie mit der Welt. Es wird Zeit, in mein Iglu-Zelt am Ufer des Sees zu klettern. Das sanfte Licht des fast noch vollständigen Vollmonds begleitet mich in den Schlaf. Der Kailash, der eigentlich schon recht nahe ist und doch im Vergleich zum Gurla Mandhata so winzig wirkt, taucht riesig in meinen Träumen auf. Sein ewiger Schnee funkelt im Mondschein unter einem Himmel aus Myriaden von Sternen.

Früh am nächsten Morgen beginnen wir unsere Umrundung des Manasarovar. Wir begegnen einigen tibetischen Pilgern, die sich in Richtung des Kailash verneigen. Sie besprizten ihre Gesichter mit dem Wasser des heiligen Sees, trinken ein wenig davon und füllen dann ein paar Flaschen ab, die sie ihren Angehörigen mitbringen. Mauern mit Gebeten erstrecken sich am Seeufer. Die »Mantra-Steine«, die dort aufgehäuft sind, tragen alle das Mantra des Avalokiteshvara: *Om Mani Padme Hum.* Viele sind rot angemalt, andere gelb, wieder andere grün. Die leuchtenden Farben dieser Steine und die omnipräsenten Ge-

betsfahnen betonen noch einmal die Kontraste in dieser ohnehin schon farbenreichen Landschaft.

»Stoooopp, Tashi! Halt hier mal an.«

Darum bittet Olivier unseren Fahrer, denn ihm als Fotografen bietet sich am Seeufer eine traumhafte Szene: ein Nomadenlager, einige Yaks, eine Herde Ziegen hinter einem behelfsmäßigen Gatter sowie zwei junge Frauen in ihren bunten, traditionellen Gewändern. Hinter ihnen spiegelt sich der majestätische Kailash im tiefblauen Wasser des Manasarovar. Man hat das Gefühl, hier hat sich nichts verändert, seit 1935 der italienische Tibetologe Giuseppe Tucci vorbeikam, Autor von *Santi e briganti nel Tibet ignoto (Heilige und Straßenräuber im unbekannten Tibet)*. Und doch ... Als wir näher kommen, sehen wir, dass die jungen Frauen funkelnde Smartphones in den Händen halten, mit Hüllen aus tyrischem Rosa, das zu ihren Kopftüchern passt. Dazu sei erwähnt, dass wir seit unserer Abfahrt aus Lhasa fast ununterbrochen besten Empfang im 3G-Netz haben. Entlang der Straße verbindet über mehr als tausend Kilometer hinweg ein Glasfaserkabel mehrere Antennen miteinander, die mit Solarenergie betrieben werden, häufig auf Pässen stehen und mit einer Unmenge von bunten Gebetsfahnen dekoriert sind. Moderne und Tradition vereint. Die Antennen senden

die Kommunikationssignale zwischen den Menschen hin und her, und die Gebetsfahnen senden die Kommunikationssignale zwischen den Menschen und den Göttern in den Wind.

Hier holt Olivier zu meiner großen Überraschung einen Zauberkoffer hervor, den ich zum ersten Mal sehe, und führt den staunenden jungen Mädchen ein paar Kunststücke vor. Sofort entsteht ein heimliches Einverständnis, und wir können eine Fotosession beginnen, die zu einem großen Augenblick des Lachens und geteilten Glücks wird. Ohne Zweifel ist Olivier ein großartiger Zauberer, der die Herzen begeistert. Womöglich wird das Bild von unserer charmanten Gesellschaft seitdem in den sozialen Netzwerken Tibets geteilt ... denn ich konnte nicht anders, als es selbst bei Facebook einzustellen!

Wir schlagen unser Nachtlager am Ufer des Manasarovar auf, nicht weit vom Chiu Gompa entfernt, dem »Kloster des Vögelchens«, einer kleinen Festung auf einem zerklüfteten Hügel aus rotem Stein. Hunderte bunte Gebetsfahnen ziehen sich den Hügel hinab. Im Norden thront der Kailash, inzwischen viel näher, vor einem blauen Himmel, über den in großer Höhe eine Gruppe weißer Wolken zieht. Östlich vor uns liegt der Manasarovar, an dessen Ufer wir unsere beiden kleinen Zelte aufgebaut haben. Sein Wasser-

spiegel dürfte dieses Jahr deutlich höher liegen als gewöhnlich, denn einige Gebetsfahnen hängen im Wasser. Dort schaukeln sie, je nach Wind und Wellen, sanft auf der Oberfläche. Ein angenehmes Gefühl von Ruhe und Gelassenheit. Im Süden spiegeln sich die verschneiten Gipfel des majestätischen Gurla Mandhata im Wasser des Sees.

In der Nacht hat es gefroren. Der Zeltstoff knistert, als ich bei Tagesanbruch aufstehe. Als ich das Zelt öffne, erblicke ich auf der anderen Seite des Sees die über den Hügeln aufgehende Sonne. Die im Wasser liegenden Gebetsfahnen baden in einem sanften Licht, ohne sich zu bewegen. Der See rührt sich nicht, als wäre die Zeit erstarrt.

Wir steigen zum Chiu Gompa empor, um das kleine Kloster auf der Spitze des Hügels zu besuchen. Der Blick ist prächtig, sowohl der auf den Kailash als auch der auf den Manasarovar. Das Kloster wurde über einer kleinen Höhle erbaut. Nach der Legende verbrachte Guru Rinpoche, der Begründer des tibetischen Buddhismus, im 8. Jahrhundert hier die letzten sieben Jahre seines Lebens in Meditation, begleitet von Yeshe Tshogyel. In der Höhle befinden sich drei Statuen in kleinen, bunt ausgeschmückten Tabernakeln: Guru Rinpoche in der Mitte, Yeshe Tshogyel zu seiner Linken und Mandarava, eine weitere Gefährtin, zu seiner Rechten. Die Tradition verlangt, sich vor Buddha und den großen Heiligen zu verneigen, was ich unbeholfen tue. Auch wenn ich großen Respekt hege vor den Traditionen anderer und mich dem Buddhismus nahe fühle, kann ich mit dieser Ehrerbietung doch wenig anfangen. Ich denke, die Spiritualität eines jeden Menschen nimmt die Formen an, die der Verlauf seines Lebens vorgibt. Zu versuchen, mich einer Form zu unterwerfen, die mir nicht entspricht, nur um dieser oder jener Tradition gerecht zu werden, kann der Befreiung meiner eigenen Spiritualität nur hinderlich sein.

Noch immer in Gedanken versunken, betrachte ich beim Verlassen der Höhle von Guru Rinpoche den Kailash. Und dann, ohne dass es sich zuvor angekündigt hätte, öffnet sich erneut mein »inneres Tabernakel«, dieser Raum in der Nähe meines Herzens, der sich schon ein paar Tage zuvor manifestiert hatte. Wie beim letzten Mal ist es ein starkes, grünes Leuchten, das sich mit einem breiten Strom von Gefühlen verbindet. Tara ist wieder dort, ebenso meine Frau, und dieses Mal taucht in dieser Vision auch meine vor einigen Jahren verstorbene Mutter auf. Auch sie hat nach der Lektüre von *Der Weg der weißen Wolken* viel geträumt. Also nehme ich sie in meinem Herzen mit auf dem Weg um den Kailash. »Die Vergangenheit scheint unerwartet in die Gegenwart hineinzuwirken«, erklärte Lama Anagarika Govinda.

Traum

Dieses Mal geschieht es auf dem letzten Wegstück vor dem Kailash. Während wir über die Barga-Ebene fahren, verliere ich das Gefühl, in meinem Körper zu sein. Es ist nicht so, als würde ich meinen Körper von außen sehen, so wie es andere beschrieben haben, vor allem bei Nahtoderlebnissen. Vielmehr ist es so, dass mein Körper im Auto sitzt und sich fahren lässt, während mein Wesen an einer sehr viel größeren Realität Teil hat, zu der mein »inneres Tabernakel«, die Wolken, der Kailash, der Himmel ... gehören. Nichts zwingt mich mehr, so oder so zu denken, diesem oder jenem Modell zu folgen. Ich erfahre das Loslassen in diesem blauen Raum zwischen den Wolken. Spricht Olivier mich an, muss ich mich erst vorsichtig wieder in meinen Körper einfügen, bevor ich ihm antworten kann. Er muss denken, mein Kopf sei in den Wolken ... und ich könnte ihm nicht einmal widersprechen!

Ich glaube, ich entdecke, was es wirklich heißt, zu pilgern. Es geht nicht darum, von einer heiligen Stätte zur nächsten zu eilen, um Idole oder Reliquien anzubeten. Es geht um einen Lernpfad, in dessen Verlauf sich beim Reisen nach und nach mentale Riegel öffnen. Es ist vor allem ein sehr persönlicher Weg.
Wir erreichen Darchen, ein kleines, unauffälliges Dorf am Fuße des Kailash, von wo aus die *Kora* startet, die Umrundung des heiligen Bergs. Mitten in der Nacht werde ich durch einen Traum geweckt. Ich bin zu Hause. Schreie dringen aus dem Zimmer meiner Tochter, das direkt neben unserem Schlafzimmer liegt. Als ich ihr Zimmer betrete, sehe ich sie in ihrem Bett liegen, über dem viele Gebetsfahnen eine Art Schutzhülle um sie bilden. Der Boden ist mit Glas- und Porzellanscherben bedeckt. Ihre linke Hand, die sie mit Entsetzen am ausgestreckten Arm betrachtet, ist aus blauem und weißem Porzellan, wie man es aus China kennt.

Beim Erwachen steht mir dieser Traum noch deutlich vor Augen. Was mag er bedeuten? Dank des Schutzes der Gebetsfahnen wurde die Porzellanhand meiner Tochter, die also sehr zerbrechlich ist, vor der sicheren Zerstörung bewahrt. Das erinnert mich daran, dass sie beim Abschied, kurz vor meiner Abreise, eine kleine Porzellanfigur in der Hand hielt (eine fingernagelgroße Muschel, glatt und glänzend, die sie von einer unserer Reisen in die Südsee mitgebracht hatte) und mich bat, diese am Dolma La-Pass abzulegen. Diese mir anvertraute Mission, die mir bislang nebensächlich vorgekommen war, bekommt nach dem Traum eine große symbolische Bedeutung. Mir ist wieder eingefallen, die ihr eigene Zerbrechlichkeit, auch wenn ich sie nicht genau definieren kann, in den Schutz der Hände Taras zu legen, der

mitfühlenden Göttin, die vor allen Gefahren schützt, seien sie materiell oder spirituell.

Die *Kora*

Die Pilger kommen allein, manchmal auch in Zweier- oder Dreigruppen, zum Chörten von Khangnyi, dem tibetisch-buddhistischen Kultbau, der den tatsächlichen Ausgangspunkt der *Kora* bildet. Für viele, so auch für mich, ist es ein besonderer Augenblick, sich vor den Toren dieses Ortes zu befinden, den wir uns so oft vorgestellt haben. Sobald man dort endlich eingetroffen ist, mutterseelenallein, bereit, in drei Tagen den »vollständigen Kreislauf des Lebens und des Todes« zu durchwandern, ist er noch mehr von Geheimnissen umhüllt als jemals zuvor. Die Hindus nennen diesen Chörten Yam Dwar, was wörtlich übersetzt »das Tor des Yama« bedeutet, des Totengottes. Man muss durch dieses Tor treten, seine Angst überwinden und bereit sein, sich dem eigenen Tod zu stellen. Dies ist die Voraussetzung dafür, »das Mandala Shivas durchdringen« zu können.

Natürlich ist das ein symbolischer Weg. Doch nicht nur. Dutzende Pilger sterben jedes Jahr auf ihrer Pilgerreise, vor Kälte, Erschöpfung, Höhenkrankheit ... Für einige Gläubige wäre es ein Privileg, hier zu sterben, denn damit wäre eine »gute Wiedergeburt« garantiert. Da ich jedoch nicht gläubig bin, bleibe ich lieber am Leben! Dass es ein Risiko gibt, weiß ich jedoch sehr wohl. Ich habe keinerlei Erfahrung damit, in dieser Höhe (auf fast 5700 Metern) zu wandern, und ich weiß nicht, wie mein Körper reagieren wird. Auch mein Sohn scheint sich dessen bewusst zu sein, denn noch gestern hat er mir diese Nachricht geschickt: »Es ist gut, dass du Dinge bei Facebook einstellst, so wissen wir wenigstens, dass du noch am Leben bist!« Es wird Zeit, das Tor von Yama zu durchschreiten und das Tal von Amitabha zu betreten, des Buddhas des Unendlichen Lichts.

Das enge Tal wird von riesigen roten Steilwänden eingefasst. Felsformationen, wie von Riesen erbaute Reihen von Tempeln, Burgen und Türmen. In dieser unglaublichen Umgebung komme ich mir winzig vor. Der verschneite Felsendom des Kailash spielt an diesem Morgen mit den Wolken Verstecken.

Entlang des gesamten Wegs, der sich durch das Tal windet, treffen wir auf Pilger. Vor mir geht ein alter tibetischer Herr, nicht sehr groß, in einem schwarzen Gewand, den Kopf bedeckt mit einem dunkelpurpurfarbenen Hut. Er wirkt ganz munter und schwingt, trotz seines Alters, den Wanderstock fröhlich im Rhythmus seiner beherzten Schritte. Andere Tibeter folgen der *Kora* in einer ununterbrochenen Abfolge von Verbeugungen. Sie sind meist sehr konzentriert dabei, als würde sie eine große innere Stärke bewoh-

nen. Doch wenn sich unsere Blicke kreuzen, hellt augenblicklich ein Lächeln ihr Gesicht auf.

Die Inder sind ein Fall für sich. Ihre Pilgergruppen bestehen aus fünfzehn oder mehr Leuten. Und sie machen die *Kora* nicht zu Fuß, wie die meisten anderen Pilger, sondern reiten auf kleinen Pferden. Die Anhänger Shivas kommen aus den heißen Tiefebenen Indiens, sind meist schon fortgeschrittenen Alters und kaum an körperliche Anstrengungen gewöhnt. Sie fliegen nach Nepal, nehmen den Hubschrauber, um den Himalaya zu überqueren, und werden dann in der Nähe des Kailash auf 4500 Metern über Null abgesetzt, ohne jegliche Möglichkeit zur Akklimatisation. Dick in fluoreszierende Gewänder gehüllt, die auch Raumfahrern gut stehen würden, machen sie sich auf dem Rücken der Pferde auf zur *Kora*. Schon zu Beginn der Umrundung kann ich sehen, wie beschwerlich es für sie ist, dass sie sich nur mit Mühe im Sattel halten und unter der Kälte und den Auswirkungen der Höhe leiden. Wie wollen sie nur bis zum Ende durchhalten?

Das Tal öffnet sich immer weiter. Mit Campingausrüstung und Lebensmittelvorräten beladene Yaks begegnen uns am Flussufer. Ich treffe wieder auf den alten Tibeter mit dem purpurfarbenen Hut. Er hat sich auf einen Stein am Wegesrand gesetzt. Ein breites Lachen öffnet sich auf seinem faltigen Gesicht. Eine lange Kette aus Pilgern fädelt sich den Weg entlang, der in der Ferne zwischen den Bergen verschwin-

det. Über die ockerfarbenen Felswände jagen die Schatten voluminöser weißer Wolken, die im blauen Himmel aufgetaucht sind. Die in dieser Höhe dünner werdende Luft ist scharf und rein. Wieder löst sich mein Ego auf, mein Bewusstsein dehnt sich so weit aus, dass ich die ganze Szenerie umschließe. Welch eine faszinierende Erfahrung, in seinem eigenen Innern zu laufen.

Am späten Nachmittag treffe ich im Lager in der Nähe des Klosters von Drira Phug ein. Olivier ist schon hier. Er fotografiert eine junge Frau, die sich in Richtung Nordseite des Kailash auf den Boden wirft. Der imposante Berg taucht zwischen zwei pyramidenförmigen Hügeln auf: dem Hügel von Manjushri, dem Bodhisattva des Wissens, und dem von Vajrapani, dem Bodhisattva der Energie und der Tatkraft. Weiter entfernt erhebt sich ein dritter Hügel, der von Avalokiteshvara, dem Bodhisattva des Mitleids. Von dem langen Tagesmarsch erschöpft, wäre ich gern im Lager geblieben und hätte bis zum Einbruch der Dunkelheit in Ruhe Tee getrunken. Doch Olivier will unbedingt noch bis zum Gletscher am Fuß des Kailash. Er gibt mir klar und deutlich zu verstehen, dass ich es mein Leben lang bereuen würde, wenn ich nicht mitkäme. Es ist schon recht spät, und ich frage mich, ob wir genug Zeit für den Hin- und Rückweg haben werden, bevor die Nacht hereinbricht, doch schließlich lasse ich mich überzeugen.

Und wie recht er hat! Der Aufstieg zum Gletscher ist einfach großartig. Ein lichtdurchlässiger

Vorhang aus Nebelschwaden, in dem sich das Sonnenlicht bricht, verhüllt und entblößt den heiligen Berg immer wieder. Wir überqueren Moräne nach Moräne, bis wir endlich am Fuß der vertikalen Bergwand ankommen, wo tiefschwarze Steine und Schneezungen einander abwechseln. Ein andächtiger Moment im Angesicht des Riesen. Doch dann müssen wir wieder absteigen, denn bald wird die Nacht hereinbrechen. Wunderschöne Lichteffekte lassen das Tal und die monumentale Bergwand gegenüber erstrahlen, zu deren Fuß die gelben Dächer und roten Mauern des Klosters Drira Phug leuchten. Wir befinden uns mitten im Herzen eines Landes voller Legenden.

Mit Einbruch der Dunkelheit erreichen wir unsere Zelte. Dort erwartet uns eine warme Mahlzeit, doch ich bin derart erschöpft, dass ich, ohne etwas zu essen, quasi augenblicklich einschlafe.

Als wir am nächsten Morgen aufbrechen, ist es noch dunkel. Wir wollen rechtzeitig einen Aussichtspunkt erreichen, von dem es heißt, dass man von dort aus den schönsten Blick auf den Sonnenaufgang über dem Kailash hat. Das Frühstück steht bereit, doch ohne zu wissen warum, bringe ich nichts herunter. So breche ich also zum schwierigsten Teil der *Kora* auf, ohne seit dem Mittagessen am Vortag etwas zu mir genommen zu haben.

Im Schein des Mondes mache ich mich auf den Weg, das wolkenlose Himmelsgewölbe ist von Sternen übersät. Noch ist der Anstieg nur sanft, doch in dieser Höhe geht der Atem schon kurz. Ich halte einen Moment lang an und setze mich auf einen Felsen. Bis hierhin hatte ich den Eindruck, allein zu sein, doch jetzt entdecke ich Dutzende anderer Pilger, die sich hinter mir aufreihen. Im aschfahlen Licht des Mondes könnte man sie für eine Gespensterkolonne halten, die ihre Mantras murmelt und unablässig die Gebetsmühlen dreht. Ich bin weit weg von zu Hause, ein Gespenst unter Gespenstern, in der Nacht unterwegs in Richtung Shiwa Tsal, auf halber Strecke zum Dolma La-Pass. Dort müssen sich die Pilger dem Urteil von Yama stellen, dem Gott des Todes, bevor sie den Aufstieg zum Dolma La-Pass vollenden können. Sie beginnen dann ein neues Leben unter der schützenden Hand von Tara.

Nach mehreren Stunden Fußmarsch liegt ein lebloser Körper am Wegrand. Einige Pilger stehen diskutierend daneben. Er scheint heute morgen gestorben zu sein, und sein Körper wurde noch nicht hinunter ins Tal gebracht. Es heißt, wer hier stirbt, geht direkt ins Nirwana ein. Hoffen wir es für ihn, dessen Leben hier sein Ende gefunden hat …

Am Fuß des letzten Anstiegs zum Pass fühle ich mich so erschöpft, dass ich nicht sicher bin, es bis nach oben zu schaffen. Ich setze mich noch einmal hin, ringe nach Luft und hole ein paar Kekse und hart gekochte Eier aus meinem Rucksack. Dieses Mal kann ich das Essen hinunterschlucken, doch die Energie kehrt nicht gleich in mich zurück. Wie in einem Traum tauchen da meine Frau und mein Sohn auf, die im wahrsten Sinne des Wortes die Kontrolle über meinen Körper übernehmen. Meine Frau kümmert sich um meine Beine und die Atmung und sorgt für eine perfekte Synchronisierung zwischen ihnen, so wie sie es mir bei unseren zahlreichen Wanderungen durch die Berge beigebracht hat. Mein Sohn dagegen fasst mich an die Schulter und überträgt mir seine jugendliche Kraft. Immer wieder hatte er gesagt, dass er mich nicht alleine zum Kailash fahren lassen wolle, um im Falle des Falles für mich da zu sein, doch seine schulischen Verpflichtungen hinderten ihn daran. Und nun erfüllt er, wie durch ein Wunder, seine Mission, die er fest zugesagt hatte. Ein echter Bodhisattva in spe! Ich mache mich wieder auf zum Pass, ohne mich im Geringsten erschöpft zu fühlen.

Auch wenn ich es auf diese Weise schaffe, die letzten dreihundert Höhenmeter zurückzulegen, die mich vom Dolma La-Pass trennen, haben andere noch mehr Mühe. Vor allem die Inder scheinen Schwierigkeiten zu haben. Ich sehe mehrere von ihren Pferden fallen. Einige sitzen, in ihre Umhänge gewickelt, hier und da auf Steinen und machen sich bereit, wieder umzukehren. Die Prüfung übersteigt ihre Kräfte. Der alte Tibeter mit dem purpurfarbenen Hut, dem ich schon mehrfach bei dieser *Kora* begegnet bin, fragt mich, ob ich Medikamente für einen der Inder habe, der in einem sehr schlechten Zustand ist. Ich habe nur Aspirin und hoffe, dass ihm damit zumindest ein wenig geholfen ist.

Olivier wiederum scheint, wie eine Manga-Figur, die Gabe der Allgegenwart erlangt zu haben. Er ist gleichzeitig vor, hinter, links und rechts von mir ... Er taucht aus einem Meer aus Gebetsfähnchen auf, das Auge dicht am Sucher, dann springt er über eine Moräne und taucht zwischen zwei Felsen ab. Er ist in eine Art fotografische Trance eingetreten!

Oben auf dem Dolma La-Pass angekommen, wo es gerade zu schneien beginnt, fallen wir uns in die Arme. Wir haben unseren Traum Wirklichkeit werden lassen, jeder auf seine Weise.

Nun bleibt mir noch, den Auftrag meiner Tochter zu erfüllen. Mein »inneres Tabernakel« hat sich wieder geöffnet. Außer mir sind dort die drei Menschen, von denen sie am meisten geliebt wird: ihre Mutter, ihre Großmutter und ihr Bruder. In einer Symbiose machen wir uns zu viert daran, die kleine, mir anvertraute Porzellanfigur in einen kleinen Hohlraum im Felsen abzulegen, im Angesicht des smaragdgrünen Sees Gauri Kund, am Fuße des Kailash. Die Zerbrechlichkeit, die dieses kleine Stück Porzellan repräsentiert, steht nun unter dem Schutz der unendlich mitfühlenden Tara.

Dabei wird mir bewusst: In dem Moment, in dem die Verkrampfungen unseres Egos loslassen, entdecken wir in unserem tiefsten Innern, dass wir zuerst und vor allem aus den unterschiedlichen Menschen, Wesenheiten und Kräften gemacht sind, die, im wahrsten Sinne des Wortes, einen »Eindruck« bei uns hinterlassen haben. Um Prüfungen zu bestehen, reicht es daher, einfach loszulassen und diejenigen Kräfte in uns sich ganz frei ausbreiten zu lassen, die der Situation am angemessensten sind. Genau das ist mit mir geschehen, als ich im Verlauf dieser Pilgerreise in meinem »inneren Tabernakel« diese Erscheinungen wahrgenommen habe.

● ● ●

Es wird Zeit, in die Welt der Menschen zurückzukehren.
Das Herz aufgeladen mit Emotionen, schließe ich mit einem Wort des Lama Anagarika Govinda:

»So wie eine weiße Sommerwolke im Einklang mit Himmel und Erde frei im blauen Äther schwebt und von Horizont zu Horizont zieht, dem Hauch der Lüfte folgend, so überlässt sich der Pilger dem Strom des größeren Lebens, der aus der Tiefe seines Wesens aufwallt und ihn über ferne Horizonte zu einem seinem Blick noch verborgenen, aber stets gegenwärtigen Ziel führt.«

DIE SEELE

T I B E T S

Nur jene, die nach Tibet gereist sind, kennen die Faszination
seiner weiten Landschaften, seiner durchscheinenden Luft,
die eine türkisfarbene Schärpe um die Berggipfel legt,
kennen seine unendliche Stille, die den Menschen demütig
und zugleich schwärmerisch werden lässt.

Giuseppe Tucci, *Tibet, paese delle nevi*

[Karma]

Kaum aber hat er den Pass überschritten, da hebt sich der Wolkenvorhang, und vor seinen erstaunten Augen liegt ein Land der Sonne, dessen Berge nichts mehr von der düsteren Schwere und Melancholie des monsunbestürmten Himalaya haben, sondern aus den reinsten, fast transparenten Pastellfarben gewoben zu sein scheinen. Gelbe, orangefarbene, rote und violette Töne stehen gegen einen tief-blausamtenen Himmel.

Lama Anagarika Govinda, *Der Weg der weißen Wolken*

Wir haben die engen und dunklen Schluchten hinter uns gelassen, und vor
unseren Augen erstrecken sich jetzt bis ins Unendliche die Wellenlinien der
tibetischen Berge, wo nackte Felsen neben bunten Steinen ruhen, sich riesige
Dünen, endlose Wüsten und zyklopische Höhenlagen erstrecken.
Im türkisblauen Himmel breiten sich azurfarbene Wolken aus, die in ihrer
strahlenden Transparenz die höchsten Gipfel kaum einhüllen.

Giuseppe Tucci, *Santi e briganti nel Tibet ignoto*

Dann kamen mir die Worte einer chinesischen Stanze in den Sinn, die Maitreya, dem zukünftigen Buddha, zugeschrieben wird, der als Wandermönch einst die Welt durchzog: »Allein wandere ich tausend Meilen ... und erfrage meinen Weg von den Weißen Wolken.«

Lama Anagarika Govinda, *Der Weg der weißen Wolken*

[Der Weg der weißen Wolken]

Wer kann die Unendlichkeit des Raums in Worte fassen? Wer kann eine
Landschaft, welche diese Unendlichkeit verkörpert und atmet, beschreiben? –
Große blaue Seen, von smaragdgrünem Weideland und goldenen Hügeln
umgeben, erscheinen gegen eine ferne Kette von Schneebergen, in deren
Mitte der blendend-weiße Dom des Kailash, des »Schneejuwels« (gaṅs
rin-po-che), wie die Tibeter den heiligen Berg nennen, aufragt.

Lama Anagarika Govinda, *Der Weg der weißen Wolken*

Ich denke, mit dem Ende des Karawanenzeitalters sind aus Zentralasien unersetzbare Werte verschwunden. Wir alle, Ladakhis, Tibeter, Khampas, Amdopas, die Nomaden von Jangthang, lebten im Einverständnis mit unserem Schicksal. ... Diese Akzeptanz formte eine spirituelle Haltung der Verehrung und Kontemplation der höchsten Wirklichkeit, deren Würde wir durch die intakte Natur vorausahnen konnten.

Abdul Wahid Radhu, *Tibetan Caravans*

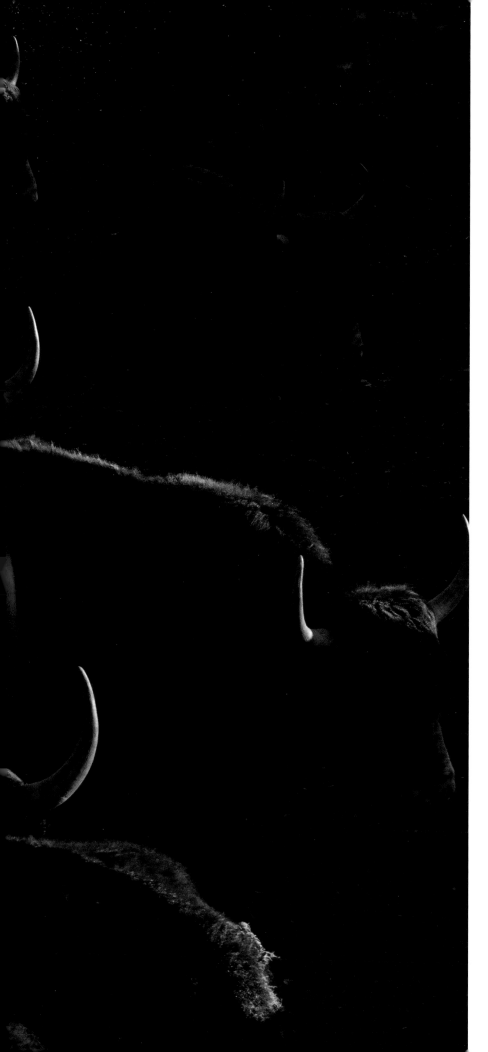

Der Yak ist nicht nur Last- und Reittier, er ist auch eine der wichtigsten Ressourcen des Landes. Sein Haar wird gesponnen und zu einem Stoff verwebt, der für die schwarzen Zelte genutzt wird, in denen die Nomaden ihre Gäste unterbringen. Mit den Schwanzhaaren werden die eigenartigen Zylinder auf den Dächern der Klöster geschmückt. Die Haut des Yaks hat vielerlei Verwendung, das Fleisch ist Teil der täglichen Nahrung der Tibeter.

Giuseppe Tucci, *Tibet, paese delle nevi*

Der große Rhythmus der Natur durchdringt alle Dinge, und der Mensch ist körperlich und seelisch mit ihm verwoben. Selbst seine Vorstellungen und sein Gefühlsleben gehören nicht so sehr dem Bereich des Individuums an als der Landschaftsseele, in welcher der Rhythmus des Universums zu einer Melodie von unwiderstehlichem Zauber verdichtet ist.

Lama Anagarika Govinda, *Der Weg der weißen Wolken*

Aber alles, was zur Konzentration unseres Geistes beiträgt oder uns hilft,
jene innere Wendung oder Umkehr im tiefsten Sitz unseres Bewusstseins zu
vollziehen, von dem das Lankâvatâra Sûtra *spricht – kurz, was immer*
uns in eine schöpferische oder intuitive Geisteshaltung versetzt, verdient
unsere Beachtung, sei es ein maṇi-tschö-khor *(eine Gebetsmühle), ein*
Rosenkranz oder irgendein anderes Hilfsmittel.

Lama Anagarika Govinda, *Der Weg der weißen Wolken*

Seit meiner ersten Reise in den Himalaya bin ich von der guten Laune der Tibeter und der unvergleichlichen Schönheit der Bauwerke und Landschaften verzaubert. Erst viel später entdeckte ich, dass Schönheit und Glück in der Sprache und dem Geist der Tibeter Synonyme sind, dass diese Schönheit, der man auf Schritt und Tritt begegnet, ihr Echo in der Lebensfreude der Bewohner des Dachs der Welt findet.

Michel Peissel, *Tibet, le pèlerinage impossible*

Jedes Bewusstsein ist nur das Fenster, durch das das Universum sich selbst betrachtet.

Alan Watts

Reisen, ohne dem Anderen zu begegnen, heißt nicht reisen, sondern sich fortbewegen.

Alexandra David-Néel

ཇོ་ཁང༌།

A S A

S L H A S A
Der Jokhang-Tempel

Um die volle Bedeutung des Kailash und seiner außergewöhnlichen Umgebung zu verstehen,
müssen wir ihn nicht nur vom geografischen, kulturellen oder historischen Standpunkt aus
betrachten, sondern vor allem durch die Augen eines Pilgers.
Um dies tun zu können, müssen wir uns der engen Grenzen unserer Persönlichkeit entledigen,
vor allem aber der intellektuellen Vorurteile westlicher Erziehung; denn die Erlebnisse, denen
wir hier begegnen, sind zu groß und zeitlos, um auf der Bühne rein persönlicher Reaktionen und
Erfahrungen dargestellt werden zu können.

Lama Anagarika Govinda, *Der Weg der weißen Wolken*

[Om Mani Padme Hum]

[D]enn Pilgerschaft unterscheidet sich von einer Reise vor allem dadurch, dass sie nicht zweckgebunden ist, dass sie keinem im Voraus festgelegten Plan folgt und keinem im Voraus bestimmten Ziel zustrebt, sondern ihren Sinn in sich selbst trägt, indem er einer »Richtung des Herzens« vertraut, die sich zugleich auf zwei Ebenen auswirkt: auf der seelischen und auf der physischen. Sie ist eine Bewegung nicht nur im äußeren, sondern ebensosehr im inneren Raum, eine Bewegung, deren Spontaneität in der Natur alles Lebendigen, über sich selbst Hinauswachsenden beschlossen liegt und die stets im Inneren ihren Anfang nimmt.

Lama Anagarika Govinda, *Der Weg der weißen Wolken*

*Das ganze Universum schien in diesem Tempel versammelt zu sein
und seine Wände öffneten sich den Tiefen unbekannter Dimensionen.
Inmitten dieses tausendjährigen, von Formen berstenden Universums
überströmenden Lebens und unendlicher Bewusstseinsmöglichkeiten lebte
ich in einem Zustand der Verzauberung und des Wunders; ich nahm eine
unbeschreibliche Vielzahl von Eindrücken in mich auf, ohne den Versuch zu
machen, sie zu erklären oder intellektuell zu deuten und vernunftmäßig
zu »begreifen«. Ich akzeptierte sie so, wie man Landschaften eines fremden
Landes, durch das man das erste Mal reist, als Gegebenheit akzeptiert und
in sich aufnimmt.*

Lama Anagarika Govinda, *Der Weg der weißen Wolken*

Es war das erste Mal, dass ich die Macht mantrischer Worte erlebte, in denen, frei von allem begrifflichen Wissen, der transzendente Laut des dem menschlichen Herzen innewohnenden Geistes vernehmbar wird. Und weil es »der Laut des Herzens« und nicht der des Intellektes ist, kann das Ohr ihn nicht hören und das Gehirn ihn nicht fassen.

Lama Anagarika Govinda, *Der Weg der weißen Wolken*

[Pilgerreise nach Tibet]

Ich lernte, wie man ein heiliges Buch respektvoll zur Stirn erhebt, bevor man es von seinen Tuchhüllen befreit – dessen eingedenk, dass in ihm das Wort des Erleuchteten gegenwärtig ist – wie seine Blätter zu handhaben seien, ohne dass sie aus ihrer Ordnung gerieten ..., und wie jeder Buchstabe des Alphabets als mantrisches Symbol zu betrachten sei ...

Lama Anagarika Govinda, *Der Weg der weißen Wolken*

DAS KÖNIG

DAS REICH

KÖNIG-GUGE

REICH GUGE
Tholing und Tsaparang

Nachdem wir eine Mondlandschaft durchquert haben, in der das Wasser die gigantischen Amphitheater der tonhaltigen Berge ausgespült und die seltsamsten Formationen hinterlassen hat, erreichen wir Tholing. Der Weg zeichnet sich in gewundenen Engpässen ab, verschwindet im Innern natürlicher Tunnel und steigt Bergkämme empor, die beim Durchzug der Karawanen in einer Staubwolke zerbröseln.

Giuseppe Tucci, *Santi e briganti nel Tibet ignoto*

Hier sind die Gralsburgen, die das Erbe menschlicher Erlösungssehnsucht bewahren, die Bergfestungen mittelalterlicher Ritter, die sagenhaften Troglodytenstädte des Mondes und die Höhlenheiligtümer geheimer Kulte mit ihren Schätzen an Kunst und Manuskripten alter Weisheit.

Lama Anagarika Govinda, *Der Weg der weißen Wolken*

Hier lebte ein strenggläubiges Volk, edle Seelen, trunken von mystischen Wiedergeburten. Es erhob sich dank Askese und Kontemplation bis zur Erhabenheit; seine Künstler schufen Werke, die keinen Vergleich mit den größten Kunstwerken des Orients scheuen müssen; unter der Herrschaft seiner frommen Könige gedieh das Reich und veredelte sich.

Giuseppe Tucci, *Santi e briganti nel Tibet ignoto*

[Das Königreich Guge]

MANASA An den

མཚོ་མ་ག་ཡུ་མཚོ།

Ufern des
ROVAR
MANASAROVAR

Ein ungeheurer Friede liegt über dieser lichten Landschaft
und durchdringt den Pilger mit solcher Macht, dass er alle
Gefahren vergisst und sein eigenes Ich ausgelöscht ist; denn wie in
einem Traum ist er eins geworden mit seiner Vision. Er hat die
Unerschütterlichkeit eines Menschen gewonnen, der weiß, dass
ihm nichts geschehen kann, als was ihm seit Ewigkeiten zugehört.

Lama Anagarika Govinda, *Der Weg der weißen Wolken*

[Manasarovar]

Der Hunger und der Durst, die Gefahr durch entfesselte Gebirgsbäche und durch eiskalte Blizzards, die schweren und kräftezehrenden Lasten, das beängstigende Durchqueren unberührter Weiten, all diese Mühen und Schmerzen, die ich durchlitten hatte – all dies wurde wie Staub abgespült und von den heiligen Wassern des Sees gereinigt; so erreichte ich den geistigen Zustand des Nicht-Egos, erfüllt von dieser Szenerie und seiner immanenten Realität.

Ekai Kawaguchi, *Three Years in Tibet*

Wenn es einen Ort gibt, den der Mensch aufsuchen kann, um von den irdischen Ärgernissen Abstand zu gewinnen und sich Gott anzunähern, dann ist es dieser türkisblaue See, dessen Stille nur von Wind und Stürmen unterbrochen wird.

Giuseppe Tucci, *Santi e briganti nel Tibet ignoto*

Wir treffen auf immer mehr Lager von Hirten.
Eine ganze Welt, die nur das Zelt als Unterkunft kennt und
Tiere als Begleiter, eine Welt, die sich nur den Bedürfnissen
des Viehs und der Herde folgend fortbewegt.

Giuseppe Tucci, *Santi e briganti nel Tibet ignoto*

Die ultramarinblauen Wasser des Manasarovar nehmen in der Mitte des Sees einen purpurnen Ton an und nach den Ufern zu ein glasiges Grün. Wolkenschatten jagen über die erregten Wasser, und bald gleicht der ganze See einem riesigen Opal, in dem alle Farben gegeneinander um die Vorherrschaft kämpfen.

Lama Anagarika Govinda, *Der Weg der weißen Wolken*

ANNÄHE AN DEN

RUNG

HEILIGEN BERG

གངས་རི་ན་པོ་ཆེས་ཆོས་ཀོར་ཡུག

Das Kloster von Chiu erhebt sich wie eine kleine Festung
auf einem am Ufer steil aufragenden Hügel: eingestürzte
Wehrmauern, kleine Mauern aus getrockneten Steinen,
die die Viehweide einzäunen, zwei rot gestrichene Kapellen ...
Die zweite ist dabei besonders bemerkenswert,
da sie auf einer alten Eremitenhöhle errichtet wurde.
Die Legende sagt, dass Padmasambhava hier meditierte.

Giuseppe Tucci, *Santi e briganti nel Tibet ignoto*

Mit den letzten Strahlen der untergehenden Sonne wirft der Gipfel des Kailash *flammende Strahlen empor, die den Angriff der Gewitterwolken durchbrechen. In diesem verlassenen Teil der Erde spüren wir das ganze Ausmaß der Einsamkeit. In der Stille scheint der Mensch sich mit den Kräften des Kosmos zu vereinen. Der Demiurg in ihm verschwindet; der Dämon, der ihn dazu bringt, seinen tragischen Fantasien und verwegenen Träumen zu folgen, verlässt ihn. Der Mensch ist erfüllt von dem Gefühl der ersten Einheit aller Dinge; als aus der Erde erwachsener Keim löst sich seine Persönlichkeit auf, um in der vielfältigen Einheit aufzugehen, die alle Dinge bewässert.*

Giuseppe Tucci, *Santi e briganti nel Tibet ignoto*

Auf unserem Weg zum heiligen Berg – und mehr noch, während wir ihn umwandelten – empfanden Li Gotami und ich, dass wir ein bloßes Glied in der anfang- und endlosen Kette von Pilgern bildeten, die seit undenklichen Zeiten die einsamen und gefahrvollen Pfade der ungezähmten Bergwelt des Himalaya durchquerten.

Lama Anagarika Govinda, *Der Weg der weißen Wolken*

*Folgen wir darum dem namenlosen Pilger und stellen wir
uns vor, wie er auf mühsamen Pfaden Hunderte von Meilen
zurücklegt ... Schmale Pfade winden sich an steilen Berghängen
und Felswänden empor, und scharfkantiges Gestein schneidet
dem Pilger in die wunden Füße.*

Lama Anagarika Govinda, *Der Weg der weißen Wolken*

Indem er das enge Tal an der westlichen Flanke des Kailash betritt, der Himmelsrichtung Amitâbhas, dessen Farbe rot ist, befindet er sich in einem Canyon von roten Felswänden, deren architektonische Struktur im Pilger den Eindruck erweckt, er wandere zwischen Reihen gigantischer Tempel, die mit Galerien, Gesimsen und Pfeilern geschmückt sind, dahin.

Lama Anagarika Govinda, *Der Weg der weißen Wolken*

Es ist nicht die Reiselust, die sie zu solchen Prüfungen verleitet ...

Wir aber, wir können uns an der beeindruckenden Perspektive der verschneiten Berge und

Gipfel nicht sattsehen, wir bleiben stehen, um eine Schlucht oder einen Wasserfall zu bewundern.

Sie hingegen schauen nur in ihr eigenes Inneres; der Glaube treibt sie voran.

Giuseppe Tucci, *Santi e briganti nel Tibet ignoto*

Sie steigen nicht auf diese Berge oder durchqueren die unendlichen Weiten nicht, um zu beten, um Verzeihung zu erbitten oder sich einem Gott näher zu fühlen als dem anderen. »Gott ist hier, in uns«, erklärte mir einer von ihnen, »und nicht auf diesem Berg, der doch nur ein Haufen Steine ist. Aber nicht jedermann kann mit einem Mal die Stufe unserer Kontemplation erreichen: Die spirituelle Suche erlebt man wie einen Aufstieg. Die Wege, die zum Gipfel führen, sind zahlreich und von unterschiedlicher Länge, und das müssen sie auch sein, denn die Menschen denken, verstehen und empfinden ganz unterschiedlich. Doch auch wenn die Wege sich unterscheiden, das Ziel bleibt dasselbe.«

Giuseppe Tucci, *Santi e briganti nel Tibet ignoto*

Sie sind weder durch die Anstrengungen der Reise noch durch die Schroffheit des Klimas geschwächt. Schaut man sie an, schlecht ernährt, mangelhaft gekleidet und mager, glaubt man sie am Ende ihrer Kräfte, doch die Inbrunst ihrer Frömmigkeit lässt niemals nach und schützt sie vor Wind und Stürmen. Sie verspüren nicht einmal das Bedürfnis zu schlafen ...
Haben sie sich einmal auf den Weg zu den heiligen Stätten gemacht, liegt ihr Schicksal in den Händen Gottes.

Giuseppe Tucci, *Santi e briganti nel Tibet ignoto*

Während der Pilger, im Gefühl der Gegenwart jener erleuchtenden Kräfte, sich anschickt, die heilige Stätte zu verlassen, befindet sich sein ganzes Wesen in einem Zustand der Ekstase und der inneren Wandlung. Aber diese Wandlung kann nicht vollständig sein, solange er noch sein altes Ich mit sich herumschleppt. Er muss die Tore des Todes durchschreiten, bevor er das Tal des Akṣobhya im Osten betreten und wiedergeboren werden kann zu einem neuen, größeren Leben. Dies ist die letzte Prüfung.

Lama Anagarika Govinda, *Der Weg der weißen Wolken*

Und indem der Pilger den geweihten Boden mit der Stirn berührt und einige Steine zu den von früheren Pilgern angehäuften hinzufügt, um seiner Freude und Dankbarkeit Ausdruck zu geben, dass sein Lebenswunsch in Erfüllung gegangen ist, wiederholt er im Geist wie ein Gebet: »Möge ich diese Stunde nie vergessen. Möge sie mir ständig gegenwärtig bleiben.«

Lama Anagarika Govinda, *Der Weg der weißen Wolken*

གངས་རིན་པོ་ཆེའི་ཕོར་ཡུག

Die Idee eines Treks oder einer Bergbesteigung ist stets verknüpft mit dem Willen, etwas zu vollbringen, und damit, sich größer zu machen, als man jetzt ist. Die Idee einer Pilgerreise ist, im Gegensatz dazu, sich kleiner zu machen, als man denkt zu sein. Es geht darum, loszulassen und das Ego durch die einfache Tatsache des Laufens, des Bergangehens und des Sichunterwerfens unter die verschiedenen schwierigen Prozesse der Natur aufzulösen. Aus diesem Grund lagen die Pilgerstätten in der Antike stets an Orten, die dem Pilger vielerlei Arten körperlicher und mentaler Schwierigkeiten abforderten, um bis zum Ziel zu gelangen, sodass sich mit diesem Prozess sein Ego nach und nach verringerte.

Sadhguru, *Mount Kailash – The Adobe of Shiva*

Der Pilger aber strebt unaufhaltsam seinem Ziel entgegen: dem nun seinen Augen entzogenen, geheimnisvollen Kailash. Nur in den Morgen- und Abendstunden wird sein Dom ganz sichtbar und frei von Wolken, und jeden Morgen und jeden Abend verneigt sich der Pilger in Richtung des heiligen Berges, während er seine Mantras wiederholt und die Kräfte des Lichts in sich aufruft, die diesem kosmischen Mandala innewohnen.

Lama Anagarika Govinda, *Der Weg der weißen Wolken*

Oft verhüllen Gewitterwolken und Schneestürme den heiligen Berg,
und der Pilger muss tagelang warten, bis die Wut der Elemente
sich gelegt hat und der Schleier wirbelnder Wolken fortgezogen ist.
Dann erscheint der Berg plötzlich in einer übernatürlichen Klarheit
und Reinheit, mit seinem blendend-weißen Dom, seinen grünlich
schimmernden Eisbrüchen, bläulichen Schatten und dunkleren, rötlich-
violetten Felswänden, an denen weder Schnee noch Eis Halt finden
können: ein Anblick, der alle Worte verstummen lässt.

Lama Anagarika Govinda, *Der Weg der weißen Wolken*

[Om Mani Padme Hum]

Während er zum Dölma-Pass emporsteigt, der das nördliche von dem östlichen Tal trennt, kommt er zu einer Stelle, an der er den Spiegel des Totenkönigs erblickt, in dem all seine vergangenen Taten sich widerspiegeln. An dieser Stelle legt sich der Pilger zwischen zwei großen Felsblöcken in der Stellung eines Sterbenden auf den Boden. Er schließt die Augen und sieht sich dem Urteil Yamas ausgeliefert, dem Urteil seines eigenen Gewissens, das ihm den Spiegel seiner Taten vorhält.

Lama Anagarika Govinda, *Der Weg der weißen Wolken*

Aber selbst unter den mächtigsten Bergen sind nur wenige von
solch außergewöhnlichem Charakter und so besonderer Lage, dass
sie Symbole höchsten menschlichen Strebens werden, wie es sich in
alten Kulturen und Religionen äußert, und allein diese wenigen
werden zu Meilensteinen auf dem endlosen Weg der Menschheit nach
Vollkommenheit und Selbstverwirklichung oder zu Wegweisern, die
über irdische Ziele hinausweisen in die Unendlichkeit eines Universums,
aus dem wir hervorgegangen sind und zu dem wir gehören.

Lama Anagarika Govinda, *Der Weg der weißen Wolken*

Nachdem er auf diese Weise Frieden gemacht hat mit seiner Vergangenheit und durch die Tore des Todes gegangen ist, überquert er die Schwelle seines neuen Lebens auf dem schneebedeckten Pass der mütterlich schützenden, allbarmherzigen Dölma.

Lama Anagarika Govinda, *Der Weg der weißen Wolken*

Erst jetzt konnte ich deutlich die verschlungenen Wege und die verborgenen Wurzeln meines Lebens sehen. Es wurde mir klar, dass diese Pilgerschaft ins Ungewisse eine Heimkehr ins Land meiner Träume war – und dass Träume mehr Wirklichkeitsgehalt besitzen als die Pläne unseres Hirns, vorausgesetzt, dass es Träume sind, welche die tiefste Sehnsucht unserer Seele, unserer innersten Wesensnatur, widerspiegeln, und nicht nur unsere flüchtigen Wünsche und Ambitionen, die sich hinter den Beweggründen unseres Intellekts verbergen.

Lama Anagarika Govinda, *Der Weg der weißen Wolken*

[Om Mani Padme Hum]
»Juwel und Lotos«

4   Indische Pilger reiten, in der Nähe des Klosters Drira Phug, entlang des Flusses Lha Chu, um die *Kora* durchzuführen, jene Pilgerreise, die den Berg Kailash umkreist.

6   Der heilige See Manasarovar beim Trugo Gompa, auf 4590 Metern Höhe.

8   Sonnenuntergang über dem Kailash und dem Chiu Gompa, auf dem Guru Rinpoche, der »kostbare Meister«, meditierte und vermutlich verstarb.

10   Die Nordseite des Kailash, des unberührten, heiligen Bergs, dessen Gipfel bis auf 6638 Meter reicht. Die chinesischen Behörden haben das Bergsteigen hier verboten, um den heiligen Charakter des Kailash zu bewahren.

16   Eine Yakherde sucht mitten im Winter auf den in 4600 Metern Höhe gelegenen kahlen Weiden des Hochplateaus von Kham, im Osten Tibets, nach Futter.

20   Nach der Sommerernte kommen viele Pilger nach Lhasa, um vor dem Jokhang-Tempel, dem heiligsten Tempel für die buddhistischen Tibeter, zu beten und sich niederzuwerfen.

22   Eine betende Dorfbewohnerin im Kloster Tashilhünpo, dem traditionellen Sitz des Penchen Lama in Shigatse (Zentraltibet).

24   Olivier im eiskalten Wasser des Manasarovar, mit Blick auf den Kailash.

28   Die von Lama Govinda so treffend beschriebene typische Landschaft Tibets mit den Hochebenen, über die friedlich weiße Wolken ziehen.

32   Das erste Lager am Ufer des Manasarovar in Richtung Horchu, vor dem Kailash, dem heiligen Berg.

36   Aussicht auf den Manasarovar von den Terrassen des Chiu Gompa in 4750 Metern Höhe.

38   Pilger im Amitabha-Tal am ersten Tag des Fußmarsches der *Kora* um den Kailash.

42   Jean-Marie vor der Nordseite des Kailash.

46   Im Sommer errichten die Hirten aus Kham ihre Lager in den sattgrünen Tälern der Hochebenen, um ihre Yak- und Ziegenherden dort weiden zu lassen.

48  Der See Lang Tso an der langen Südroute Tibets, die entlang der Nordseite des Himalaya verläuft.

50  Es ist tibetische Tradition, auf den Gebirgspässen einen Fahnenstrauß zu errichten, damit der Wind die Gebete des Mitgefühls, die auf die Fähnchen aufgedruckt sind, über die Welt verteilt.

52  Der heilige Fluss Yarlung Tsangpo bei Zhongba, der 2000 Kilometer weiter flussabwärts zum Fluss Brahmaputra wird und einen Teil des indischen Subkontinents bewässert.

54  Durch diese Mondlandschaft fließt der Yarlung Tsangpo im Norden der Gebirgskette des Himalaya, in der Umgebung von Zhongba (Zentraltibet).

56  Typische tibetische Landschaft in Schatten und Licht am Pass von Chengu La, auf der Straße zwischen Tholing und dem Kailash.

58  An der Nebenstraße, die nach Shigatse führt, liegt der heilige See Yamdrok Tso, hier vom Kamba La-Pass in 4795 Metern Höhe aus gesehen.

60  Eine Schafherde sucht neben der Straße von Tholing zum Kailash nach Grasbüscheln.

62  Die verschneiten Gipfel des Himalaya spiegeln sich im klaren Wasser eines Tümpels in der Provinz Ngari (Zentraltibet).

64  Ein Bündel Gebetsfahnen thront in der Dämmerung auf einem Hügel bei Zhongba (Zentraltibet).

66  Typische Anordnung von tibetischen Gebetsfahnen, die in der Nähe von Zhongba an einem Mast befestigt sind.

68  In der Region Kham sind überall Hinweise auf den buddhistischen Glauben zu finden, sogar auf den von Dorfbewohnern gravierten Steinen entlang der Straßen.

70  Auf den Hochplateaus im Osten Tibets grast im Winter eine Yakherde auf einem Wiesengrund.

72  Die Yaks, wichtigste Ressource der nomadischen Hirten Tibets, haben im Sommer die Weiden abgegrast und kehren nun für den Winter in ihren Pferch im Tal zurück (Region Kham).

74–76  Eine Yakherde steigt einen Bergkamm hinab, um am Abend ihre Koppel zu erreichen (Region Kham).

78  Die Dorfbewohner von Nakchoknyi tanzen, um ihre Entscheidung zu feiern, ein Dorf ohne Abfall zu werden (Region Kham).

90  Im Winter schützen sich die Hirten Khams vor der Kälte mit ihrem langen Mantel, der traditionell mit Ziegenwolle gefüttert ist.

80  Delek, nomadischer Hirte (Region Kham).

91  Natsu, nomadische Hirtin, ...

82  Ein Kind genießt eine Schale Nudeln, nachdem es mit seiner Familie nach dreitägiger Busfahrt Lhasa erreicht hat. Hier möchten sie im Jokhang-Tempel beten.

92  ... und Paldmo, 10 Jahre alt, die beide für das tibetische Neujahrsfest ihre traditionellen Kleider tragen und die passenden Kopfbedeckungen für die Feierlichkeiten aufgesetzt haben (Region Kham).

83  Eine Dorfbewohnerin aus der Region Kham ist eingetroffen, um mit den Mönchen eine neue Kapelle des Klosters Shechen einzuweihen (Osttibet).

95  Die siebenjährige Tsewang Lhamo, das vierte von sieben Kindern einer Familie aus einem abgelegenen tibetischen Tal (Region Kham).

84–86  Auf einer Pilgerreise trennen sich buddhistische Pilger niemals von ihrer Gebetskette mit 108 Kugeln, genauso wenig wie von ihren heiligen Gebetstexten.

98  Ein tibetischer Mönch überquert in Lhasa den Platz vor dem Jokhang-Tempel. Er umrundet das Gebäude und nimmt dabei für das Gebet seine Gebetsmühle zu Hilfe.

87  Ein Dorfbewohner murmelt im Kloster von Tashilhünpo in Shigatse (Zentraltibet) seine Gebete und betet dabei seine Gebetskette ab.

100  Der große Platz vor dem Jokhang-Tempel. Im Hintergrund der Potala-Palast, die Winterresidenz der Dalai Lamas.

88  Tashi Wangmo trägt ihren Festtagsschmuck anlässlich des tibetischen Neujahrsfests, das sie in ihrem Winterhaus in einem abgelegenen Tal der Region Kham begeht.

102  Eine Dorfbewohnerin auf Pilgerreise betet vor dem Jokhang.

103 Indem sie ihren Kopf auf die Gebetsfahnen legt, die gegenüber dem heiligen Jokhang-Tempel hängen, bekräftigt eine Dorfbewohnerin ihren Glauben.

104 Der Winter ist für diese Frau vom Lande eine günstige Zeit, um für Gebete zum Jokhang-Tempel zu pilgern.

106–108 Nach den Ernten im Herbst strömen Pilger aus ganz Tibet nach Lhasa, um hier tagsüber vor dem Jokhang, dem heiligsten Tempel der tibetischen Buddhisten, zu beten und sich zu verneigen. Dabei falten sie die Hände über dem Kopf und legen sich anschließend flach bäuchlings auf den Boden.

111 Den alten Mann durchfluten große Emotionen: Er ist gerade aus einem weit entfernt liegenden Dorf eingetroffen, um in Lhasa vor dem heiligen Jokhang-Tempel zu beten.

112–115 Trotz der Kälte des Winters beten schon frühmorgens Pilger auf der Barkhor, der ältesten Straße der Stadt Lhasa, die um den Jokhang herumführt.

116 Eine Bewohnerin Lhasas nutzt eine der kleinen Straßen in der Umgebung des Tempels, um den Jokhang zu erreichen.

117 Zahlreiche Kapellen und Gebetsmühlen umschließen den heiligen Jokhang-Tempel.

118 Es gehört zu den tibetischen Traditionen, seine Gebete beim Gang auf der Barkhor-Straße zu sprechen.

120 Diese Pilger, die die traditionellen bunten Kappen tragen, gehen über die Barkhor-Straße und beten mithilfe ihrer Gebetsmühlen.

121 Anstelle von Weihrauch verbrennen die Gläubigen nach tibetischer Tradition Geäst vom Wacholderbaum, wie hier in der Umgebung des Jokhang-Tempels in Lhasa.

122 Ein Pilger imprägniert seine Gebetsmühle im heiligen Rauch von brennendem Wacholder.

123 Ein alter Tibeter auf Pilgerreise betet in Lhasa mit seiner Gebetsmühle.

124 Jeden Tag werfen sich Pilger vor dem Jokhang-Tempel mit ihrem gesamten Körper auf den Boden.

126 Ein Dorfbewohner verlässt den Haupthof des Klosters von Sakya und dreht dabei die Gebetsmühlen als höchstes Zeichen seiner Frömmigkeit (Zentraltibet).

128  Die tibetischen, buddhistischen Nonnen von Ani Tsunku, in Lhasa, lesen mit lauter Stimme ihre täglichen Gebete.

144  Das Höhlendorf Phyang, in der Gegend um Tholing, in dem während des Goldenen Zeitalters des Königreichs Guge Hunderte Eremiten lebten.

130  Der Potala in Lhasa, der frühere Winterpalast der Dalai Lamas, kann mit seinen tausend Räumen heute als Museum besucht werden.

146  Blick vom Tsaparang-Palast in das trostlose Flussbett des oberen Satluj, im Garuda-Tal.

131  Ein Mönch betet und verneigt sich vor dem Jokhang-Tempel.

149  In dieser Kapelle in Tsaparang, die gerade renoviert wird, erinnern die Spuren der zerstörten Statuen an die Vernichtungswut der Roten Garden, die während der Kulturrevolution alle Tempel in Tibet verwüsteten.

132  Der tibetischen Tradition folgend, üben sich diese jungen Mönche des Klosters Sakya in der philosophischen Debatte.

150  Stupas auf dem Weg, der zur Festung von Tsaparang führt.

134–137  Dorfbewohner sind aus der Region Kham angereist, um mit den Mönchen die Einweihung einer neuen Kapelle im Kloster Shechen zu feiern.

152–154  Der das Tal des oberen Satluj dominierende Palast von Tsaparang erinnert daran, dass die Festung vom 10. bis ins 17. Jahrhundert die Hauptstadt des Königreichs Guge beherbergte.

140  Die wunderschön erodierten Schluchten und Klammen des Steinwalds von Zanda bei Tholing, im Südwesten Tibets, nicht weit von Ladakh und dem indischen Himalaya entfernt.

158  Der Mond geht über dem heiligen See Manasarovar und dem Gurla Mandhata unter, dem 7694 Meter hohen Gipfel, der im tibetischen Teil des Himalaya liegt.

142  Eine Bresche in den Palastruinen auf der Spitze der Zitadelle von Tsaparang erlaubt einen Blick über die für diese Region von Tholing so typische, verwitterte Landschaft.

160  Sonnenaufgang über dem heiligen See Manasarovar, an dessen Ufer Pilger Gebetsfahnen angebracht haben.

162  Der Gurla Mandhata spiegelt sich an einem windstillen Tag im Wasser des Manasarovar wider.

176  Am Ufer des Manasarovar werden Yakhörner bei den mit Mantras gravierten Steinen abgelegt, wie es die tibetische Tradition von den Frommen verlangt.

164  Das Nordwestufer des heiligen Sees, in der Nähe des Klosters Chiu Gompa, eine der bedeutenden Stätten tibetischer Spiritualität.

180  Nachdem sie mit ihrem Pferd drei Tage lang Pilger um den Kailash begleitet und geführt hat, kehrt diese junge Tibeterin nun in ihr Dorf zurück.

166  Von Pilgern angebracht, flattern zahllose Gebetsfahnen rund um den Manasarovar.

182  Das Chiu Gompa (das »Kloster des Vögelchens«) auf 4750 Metern Höhe ist einer der bedeutenden buddhistischen Orte auf dem Weg, der Pilger zum Kailash führt.

168  Das Kloster Gosul Gompa am Westufer des Sees.

184  Abenddämmerung über dem Kailash, vom Kloster Chiu Gompa aus gesehen.

170  Man hat das traditionelle Mantra des Mitgefühls *Om Mani Padme Hum* in diese Steine eingraviert, die von Pilgern am Ufer des Manasarovar, ganz in der Nähe des Klosters Seralung Gompa, abgelegt wurden.

186  Blick vom Kloster Chiu Gompa aus über die Chörten, jene tibetischen Kultbauten, die das Universum und die Lehren Buddhas heraufbeschwören. Im Hintergrund der Kailash.

172  Eines der wenigen Lager der Hirten am See, wo sie bis zum ersten Schneefall den Sommer mit ihren Ziegenherden verbringen.

188  Eine Gruppe von Dorfbewohnern macht sich in Tarboche bereit, mit der *Kora* rund um den Kailash zu beginnen, der dreitägigen Pilgerreise im Gebet.

174  Diese jungen Hirtinnen tragen wieder die traditionellen Gewänder der Westtibeter.

190  Der Kailash ist als Pilgerziel für die Buddhisten ebenso bedeutend wie für die Hindus, und viele Inder machen sich dorthin auf den Weg, um in Begleitung von Yaks und Pferden zu pilgern.

192 Am Chörten Khangnyi, dem Ausgangspunkt der *Kora*, macht sich ein einsamer tibetischer Pilger auf seinen langen Weg.

220 Jean-Marie meditiert auf einem Felsen vor dem Hügel von Chenrezig (Avalokiteshvara), im Vorgelände des Kailash.

194 Eine Straße führt das Gletschertal von Amitabha hinauf, die erste Etappe der *Kora* um den Kailash.

222 Das in einen Felsen eingravierte Mantra *Om Mani Padme Hum* erinnert an die Lehren Buddhas.

196 Das Chöku Gompa, ein kleines Kloster, in 4860 Metern Höhe auf Steilwänden erbaut, thront über dem Amitabha-Tal.

224 Eine Hagelwolke zieht das Amitabha-Tal hinauf.

198 Das breite Gletschertal von Amitabha erlaubt es, den Dolma La-Pass zu erreichen, über den man den Kailash umrundet.

226 Die Westseite des Kailash, nicht weit vom Kloster Drira Phug entfernt.

201 Der beschwerliche Pilgerweg um den Kailash steigt auf der auch »der Tod« genannten Nordseite bis zum Dolma La-Pass auf 5636 Meter empor.

228–232 Der Weg hinauf zum Dolma La-Pass ist mit Gebetsfahnen abgesteckt, die immer zahlreicher werden, je näher man dem Pass kommt.

202–219 Die *Kora* um den Berg Kailash herum dauert drei Tage, wenn man zu Fuß unterwegs ist, beziehungsweise einen Monat bei jenen sehr frommen Pilgern, die sich alle drei Schritte der Länge nach auf den Boden werfen. Dank der Holzgleiter oder Holzschuhe, in die sie auch ihre Hände stecken, rutschen sie leichter über den Weg. Auf ihrer Stirn zeichnet sich der Staub des Bodens ab, den sie bei jeder Verbeugung berühren.

234 Nachdem sie sich nun bereits seit mehr als zwei Wochen nach jedem dritten Schritt zu Boden werfen, nähern sich die Pilger nach der ersten Hälfte ihrer *Kora* dem Dolma La-Pass, wo sie die Nacht verbringen wollen, sofern ihr langsames Vorankommen ein rechtzeitiges Eintreffen erlaubt.

236–240  Indem sie ein Meer aus Gebetsfahnen durchqueren, überwinden die ermatteten Pilger in einem Schnee- und Hagelsturm den Dolma La-Pass.

242  Hagelstürme in 4600 Metern Höhe auf dem Pilgerweg der *Kora*.

246  Das Mantra *Om Mani Padme Hum*, eingraviert auf Steinen, die Pilger rund um das Kloster Chiu Gompa abgelegt haben.

248  Reisende und Pilger hängen an Passstraßen Gebetsfahnen auf, die mit Gebetstexten voller Mitgefühl bedruckt sind. Der häufig stürmische Wind Tibets hilft nach tibetischem Glauben dabei, diese Gebete über den Lebewesen der Welt zu verteilen.

[Pilgerreise nach Tibet]

Olivier FÖLLMI und Jean-Marie HULLOT

Als humanistisch geprägter Fotograf und unermüdlicher Reisender hat **Olivier Föllmi**, Kenner der tibetischen Volkskultur, zu Fuß zwanzig Jahre lang unbekannte Dörfer im Himalaya durchstreift. Die folgenden zwanzig Jahre fotografierte er auf jedem Kontinent dieser Erde, immer auf der Suche nach der Weisheit der Menschheit. Er hat bislang 36 Bücher veröffentlicht, die in neun Sprachen übersetzt wurden und **sich mehr als eineinhalb Millionen Mal verkauften**. Zudem hat er mehrere Filme gedreht.

Föllmi, der franko-schweizerische sowie italienische Wurzeln hat, versetzt mit seinen Bildern, Filmen, Berichten und Vorträgen seit mehr als drei Jahrzehnten ein großes Publikum in Erstaunen. Er gilt als Referenz für Reisefotografen und wurde mit einem World Press Photo Award sowie zahlreichen weiteren bedeutenden Preisen ausgezeichnet. Unzählige Galerien stellten das Werk von Olivier Föllmi aus, der als **einer der 15 herausragenden Fotografen des 21. Jahrhunderts** gilt.

https://www.olivier-follmi.net

Jean-Marie Hullot studierte an der École Normale Supérieure in Saint-Cloud, Frankreich. Nach seiner Promotion im Fach Informatik 1980 an der Universität Orsay entwickelte er als Forscher am *Institut national de recherche en informatique et en automatique* (Nationales Forschungsinstitut für Informatik und Automatisierung) den ersten Editor für eine interaktive grafische Benutzeroberfläche. Nachdem er 1987 Steve Jobs kennengelernt hatte, schloss er sich NeXT an und entwickelte den Interface Builder, der dieser Art von Werkzeug zum Durchbruch verhalf. Hullot gehörte zu den wichtigsten Entwicklern des Betriebssystems NeXTStep, aus dem später Mac OS X wurde. Er blieb bei NeXT, bis die Firma 1996 von Apple gekauft wurde. 1997 kehrte er nach Frankreich zurück und konzentrierte sich auf die Suche nach innovativen neuen Techniken und half zahlreichen französischen Wissenschaftsteams, ihre eigenen Start-ups zu gründen.

2001 bat Steve Jobs ihn, zu Apple zurückzukehren. **Ihm wird die ursprüngliche Idee für das iPhone zugeschrieben, dessen geheime Entwicklungseinheit er in Paris leitete.** In diesem Zusammenhang hat er sich um die Replikation und Synchronisation von Daten zwischen Computern, Smartphones und mit dem Internet verbundener Objekte gekümmert, womit seine Arbeit als Vorläufer der »Cloud«-Entwicklung gelten kann.

Heute **leitet er** die von ihm und seiner Frau 2012 gegründete **Fondation Iris**, eine Umweltstiftung unter der Schirmherrschaft der Fondation de France. Jean-Marie Hullot reist seit vielen Jahren leidenschaftlich gern und hat dabei viel Erfahrung als Fotograf gesammelt.

Folgende Bücher haben uns inspiriert:

Lama Anagarika GOVINDA

- **Der Weg der weißen Wolken. Erlebnisse eines buddhistischen Pilgers in Tibet.** Aquamarin-Verlag, Grafing 2013.

Giuseppe TUCCI

- **Santi e Briganti nel Tibet ignoto. Diario della Spedizione nel Tibet Occidentale 1935.** U. Hoepli, Mailand 1937.

- **Tibet, paese delle nevi.** De Agostini, Novara 1967.

Ekai KAWAGUCHI

- **Three Years in Tibet.** The Theosophical Office, Adyar, Madras 1909.

Adul Wahid RADHU

- **Tibetan Caravans. Journeys From Leh to Lhasa.** Speaking Tiger, New Delhi 2017.

Michel PEISSEL

- **Tibet, le pèlerinage impossible.** La Martinière, Paris 2005.

Alexandra DAVID-NÉEL

- **Mein Weg durch Himmel und Höllen. Das Abenteuer meines Lebens.** Scherz Verlag, Bern, München, Wien 1986.

Eine Legende erzählt davon, wie sich Milarepa, Dichter und namhafter buddhistischer Meister, mit Naro Bönchung, einem Magier und Meister der Bön-Religion, um die Herrschaft über den Kailash stritt. Sie entschieden, dass derjenige den Kailash besitzen solle, der vor dem anderen den Gipfel des Bergs erreicht. Naro Bönchung machte sich augenblicklich auf seiner Zaubertrommel auf den Weg, wohingegen Milarepa ungerührt an seiner Stelle verharrte und den Sonnenaufgang abwartete. Als der erste Sonnenstrahl den Gipfel erleuchtete, hatte der Zauberer den Berg beinahe bestiegen. Da aber vereinte sich Milarepa dank seiner magischen Kräfte mit dem Sonnenstrahl und fand sich im selben Augenblick auf die Bergspitze versetzt. Von seiner Niederlage schwer erschüttert, ließ Naro Bönchung seine Trommel fallen, die den Hang des heiligen Bergs hinabstürzte und bei jedem Aufprall tiefe Kerben hineinschlug. Diese noch heute sichtbaren Spalten scheinen auf der Südseite des Berges eine Leiter zu formen, die »Leiter des Milarepa«.

DANKSAGUNGEN

All unser Dank geht an Bernard Chevilliat, an Nûriël Lux und alle Mitarbeiter des Verlags Hozhoni für ihr Vertrauen und ihre Unterstützung.

In Erinnerung an Lama Anagarika Govinda (Ernst Lothar Hoffmann, 1898–1985),
der uns auf dem *Weg der weißen Wolken* vorangegangen ist.
Sein Werk war uns eine großartige Quelle der Inspiration.

Die Schreibweise der tibetischen Namen folgt:
(Prof. Dr.) Karl-Heinz Everding: *Tibet. Lamaistische Klosterkultur, nomadische
Lebensformen und bäuerlicher Alltag auf dem »Dach der Welt«.* Ostfildern 2007.

Titel der Originalausgabe: *Pèlerinage au Tibet autour du Mont Kailash*
Erschienen bei Éditions Hozhoni
Copyright © 2017 Éditions Hozhoni, Lachapelle-sous-Aubenas, Frankreich

Alle Fotografien stammen von Olivier Föllmi, außer jenen auf Seite 24, 38, 100, 132, 142,
144, 152, 160, 162, 166, 168, 170, 172, 176 und 259, die Jean-Marie Hullot aufgenommen hat.
Olivier Föllmi ist Botschafter für Olympus. Alle Fotografien in diesem Band
sind mit einer Olympus-Ausrüstung entstanden.

OLYMPUS

Your Vision, Our Future

Grafische Gestaltung: Patrice Brousseaud
Lithografie: Christine Courtois
Karten: Reno Marca

Deutsche Erstausgabe
Copyright © 2019 von dem Knesebeck GmbH & Co. Verlag KG, München
Ein Unternehmen der La Martinière Groupe

Projektleitung: Susanne Caesar und Marc Schmid, Knesebeck Verlag
Koordination: Gerdi Killer, bookwise GmbH
Lektorat: Anja Kootz, Waren/Müritz
Umschlagadaption: Fabian Arnet, Knesebeck Verlag
Satz: Arnold & Domnick, Leipzig
Herstellung: Arnold & Domnick, Leipzig
Druck: Printer Trento s.r.l.
Printed in Italy

ISBN 978-3-95728-215-6

www.knesebeck-verlag.de